Jan Wendorf

Standardfälle BGB
Allgemeiner Teil

2. Auflage 2009

ISBN 978-3-86724-008-6

2. Auflage 2009

© 2009 niederle media

Bezug möglich direkt vom Verlag
niederle media
48341 Altenberge
Fax (02505) 93 98 99
E-Mail: info@niederle-media.de
www.niederle-media.de

Lektorat: Benjamin Steinhilber, Jur. Fakultät Tübingen

Druck:
TOPOL*graf*sa

▶ Inhalt

▶ Vorwort

Dieses Fallbuch behandelt typische Anfänger-Fälle aus dem Allgemeinen Teil des BGB, insbesondere

- das Zustandekommen eines Vertrags (Angebot, Annahme etc.)
- die Anfechtung
- die Stellvertretung
- das Minderjährigenrecht und
- klausurrelevante Formvorschriften.

Der Name **niederle media** steht für Skripten, die zu einem großen Teil von Autoren mit mehrjähriger Lehr-Erfahrung als Hochschullehrer oder AG-Leiter verfasst wurden und die

- klausurrelevante Themen *kompakt* darstellen,

- meist in 1-2 Tagen und demnach *zeitsparend* durchgearbeitet werden können,

- so *verständlich* sind, dass auch Anfänger damit regelmäßig auf Anhieb klarkommen,

- *Fallbeispiele, Übersichten* und *Schemata* enthalten,

- sehr *erschwinglich* sind (ab 7,00 Euro).

Aufgrund dieser Eigenschaften sind unsere Skripten hervorragend geeignet für den ersten, unkomplizierten Einstieg in die Materie oder für eine schnelle Wiederholung kurz vor der Prüfung. Dafür drücke ich schon jetzt ganz fest die Daumen,

Jan Niederle

▶ Unsere 📖 Skripten 📇 Karteikarten 🎧 Hörbücher (Audio-CDs)

Zivilrecht

- 📖 Standardfälle für Anfänger 📖 Standardfälle Fortg. (7,9 €)
- 📖 Grundlagen und Fälle BGB für 1. und 2. Sem. (9,90 €)
- 📖 🎧 Standardfälle BGB AT (7,90 €)
- 📖 🎧 Standardfälle Schuldrecht (7,90 €)
- 📖 Standardfälle Ges. Schuldverh., §§ 677, 812,823 (7,90 €)
- 📖 🎧 Standardfälle Sachenrecht (7,90 €)
- 📖 Standardfälle Familien- und Erbrecht (7,90 €)
- 📖 Originalklausuren Übung für Fortgeschrittene (7,90 €)
- 📖 🎧 Basiswissen BGB (AT) (Frage-Antwort) (7 €)
- 📖 🎧 Basiswissen SchuldR (AT) 📖 🎧 SchuldR (BT) (7 €)
- 📖 🎧 Basiswissen Sachenrecht, 📖 🎧 FamR, 📖 🎧 ErbR
- 📖 Einführung in das Bürgerliche Recht (7,90 €)
- 📖 Studienbuch BGB (AT) (9,90 €)
- 📖 Studienbuch Schuldrecht (AT) (9,90 €)
- 📖 Schuldrecht (BT) 1 - §§ 437, 536, 634, 670 ff. (7,90 €)
- 📖 Schuldrecht (BT) 2 - §§ 812, 823, 765 ff. (7,90 €)
- 📖 SachenR 1 – Bewegl. S., 📖 SachenR 2 – Unb. S. (7,9 €)
- 📖 Familienrecht und 📖 Erbrecht (Einführungen) (7,90 €)
- 📖 Streitfragen Schuldrecht (7 €)
- 📖 🎧 Definitionen für die Zivilrechtsklausur (9,90 €)

Strafrecht

- 📖 🎧 Standardfälle für Anfänger Band 1 (9,90 €)
- 📖 Standardfälle für Anfänger Band 2 (7,90 €)
- 📖 Standardfälle für Fortgeschrittene (9,90 €)
- 📖 🎧 Basiswissen Strafrecht (AT) (Frage-Antwort)
- 📖 🎧 Basiswissen Strafrecht BT 1 und 📖 🎧 BT 2 (7 €)
- 📖 Strafrecht (AT) (7,90 €)
- 📖 Strafrecht (BT) 1 – Vermögensdelikte (7,90 €)
- 📖 Strafrecht (BT) 2 – Nichtvermögensdelikte (7,90 €)
- 📖 Jugendstrafrecht/Strafvollzug/Kriminologie (7,00 €)
- 📖 🎧 Definitionen für die Strafrechtsklausur (7,90 €)

Öffentliches Recht

- 📖 Standardfälle Staatsrecht I – StaatsorgaR (9,90 €)
- 📖 Standardfälle Staatsrecht II – Grundrechte (9,90 €)
- 📖 🎧 Standardfälle f. Anfänger (StaatsorgaR u. GRe) (7,9 €)
- 📖 Standardfälle Verwaltungsrecht (AT) (9,90 €)
- 📖 Standardfälle Verwaltungsrecht für Fortg. (7,90 €)
- 📖 Standardfälle Baurecht (9,90 €)
- 📖 Standardfälle Europarecht (9,90 €)
- 📖 Standardfälle Kommunalrecht (7,90 €)
- 📖 🎧 Basiswissen StaatsR I –StaatsorgaR (Fr-Antw.) (7 €)
- 📖 🎧 Basiswissen StaatsR II –GrundR (Frage-Antw.) (7 €)
- 📖 Basiswissen VerwaltungsR AT– (Frage-Antwort) (7 €)
- 📖 Studienbuch Staatsorganisationsrecht (9,90 €)
- 📖 Studienbuch Grundrechte (9,90 €)
- 📖 Studienbuch Verwaltungsrecht AT (9,90 €)
- 📖 Studienbuch Europarecht (12 €) u. 🎧 Basiswissen EuR
- 📖 Staatshaftungsrecht (7,90 €)
- 📖 VerwaltungsR AT 1 – VwVfG u. 📖 AT 2–VwGO (7,90 €)
- 📖 VerwaltungsR BT 1 – POR (7,90 €)
- 📖 VerwaltungsR BT 2 – BauR 📖 BT 3 – UmweltR (7,90 €)
- 📖 🎧 Definitionen Öffentliches Recht (9,90 €)

Steuerrecht

- 📖 Abgabenordnung (AO) (8,90 €)
- 📖 Einkommensteuerrecht (EStG) (9,90 €)
- 📖 Umsatzsteuerrecht (UStG) (7,90 €)
- 📖 Erbschaftsteuerrecht (9,90 €)
- 📖 Steuerstrafrecht/Verfahren/Steuerhaftung (7,90 €)

Sozialrecht

- 📖 Kinder- und Jugendhilferecht (ab Oktober 2009)
- 📖 Sozpäd. Diagn.: SPFH & ambul. Hilfen d. KJH
- 📖 Sozialrecht (7,90 €)

Nebengebiete

- 📖 Standardfälle Handels- & GesellschaftsR (7,90 €)
- 📖 Standardfälle Arbeitsrecht (7,90 €)
- 📖 🎧 Basiswissen HandelsR (Frage-Antwort) (7 €)
- 📖 🎧 Basiswissen Gesellschaftsrecht (Fra.-Antwort)
- 📖 🎧 Basiswissen ZPO (Frage-Antwort) (7,90 €)
- 📖 🎧 Basiswissen StPO (Frage-Antwort) (7 €)
- 📖 Handelsrecht (7,90 €)
- 📖 Gesellschaftsrecht (7,90 €)
- 📖 Arbeitsrecht (7,90 €)
- 📖 Kollektives Arbeitsrecht (9,90 €)
- 📖 ZPO I – Erkenntnisverfahren (7,90 €)
- 📖 ZPO II – Zwangsvollstreckung (7,90 €)
- 📖 Strafprozessordnung – StPO (7,90 €)
- 📖 Internationales Privatrecht - IPR (9,90 €)
- 📖 Standardfälle mit Frage-Antw.-Teil IPR (12 €)
- 📖 Insolvenzrecht (8,90 €)
- 📖 Gewerbl. Rechtsschutz/Urheberrecht (7,90 €)
- 📖 Wettbewerbsrecht (7,90 €)
- 📖 Ratgeber 500 Spezial-Tipps für Juristen (12 €)
- 📖 Mediation (7,90 €)

Karteikarten (je 8,90 €)

- 📇 Zivilrecht: BGB AT/Grundlagen/ 🎧 Schemata
- 📇 Strafrecht: AT/BT-1/BT-2/Streitfragen
- 📇 Öffentliches Recht: StaatsorgaR/GrundR/VerwR

Assessorexamen

- 📖 Die Relationstechnik (7 €)
- 📖 Der Aktenvortrag im Strafrecht (7,90 €)
- 📖 Der Aktenvortrag im Wahlfach Strafrecht
- 📖 Der Aktenvortrag im Zivilrecht (7,90 €)
- 📖 Der Aktenvortrag im Öffentlichen Recht (7,90 €)
- 📖 Urteilsklausuren Zivilrecht (7,90 €)
- 📖 Anwaltsklausuren Zivilrecht (7,90 €)
- 📖 Staatsanwalt. Sitzungsdienst & Plädoyer (7,90 €)
- 📖 Die strafrechtliche Assessorklausur (7,90 €)
- 📖 Die öff.-rechtl. Assessorklausur Bd.1 (7,90 €)
- 📖 Die öff.-rechtl. Assessorklausur Bd.2 (7,90 €)
- 📖 Zwangsvollstreckungsklausuren (7,90 €)
- 📖 Vertragsgestaltung in der Anwaltsstation (7 €)

BWL & VWL

- 📖 Einführung i. die Betriebswirtschaftslehre (7,90 €)
- 📖 Einführung in die Volkswirtschaftslehre (7,90 €)
- 📖 Ratg. „500 Spezial-Tipps für BWLer"
- 📖 Rechnungswesen (7,90 €)
- 📖 Marketing (7 €)
- 📖 Organisationsgestaltung & -entwickl. (7,90 €)
- 📖 Internationales Management (7 €)
- 📖 Unternehmensführung (7 €)
- 📖 Wie gelingt meine wiss. Abschlussarbeit? (7 €)
- 📖 Ratgeber Assessment Center (7,90 €)

Schemata

- 📖 Die wichtigsten Schemata-ZivR,StrafR,ÖR (12 €)
- 📖 Die wichtigsten Schemata–Nebengebiete (9,90 €)

Irrtümer und Änderungen vorbehalten!

🎧 bedeutet: auch als **Hörbuch** (Audio-CD) lieferbar (7,90 €)

Im **niederle-shop.de** bestellte Artikel treffen idR *nach 1-2 Werktagen* ein!

Fall 1: Eine teure Geste

▶ **Standort:** Angebot, Erklärungsbewusstsein, Anfechtung

Rechtsreferendar Johannes (J) weiß bei jedem Gesprächs-
thema Zahlen und Fakten gestenreich beizubringen. An
einem heißen Sommertag flüchtet sich J in einen kühlen
Auktionssaal, in dem gerade eine seltene Handschrift zur
Versteigerung aufgerufen ist. Als J nach einiger Zeit in dem
Saal, seiner Natur folgend, unaufgefordert seinem Sitz-
nachbarn erklärt, in welcher Beziehung seine weit verzweig-
te Familie zu dem Objekt steht, hebt er zur Unterstreichung
seiner Ausführungen die Hand über den Kopf. Der Auk-
tionator Achilles Augenscharf (A) wertet dies als Gebot des J
und erteilt diesem den Zuschlag zu einem Preis von 2.500
Euro. Als A den J um Zahlung bittet, erklärt J sein Hand-
zeichen und meint, er wollte die Handschrift gar nicht.

1. Muss J den Kaufpreis zahlen?
2. Kann A sonst Geld von J beanspruchen?

Frage 1: Anspruch des A gegen J aus § 433 II BGB[1]
I. Wirksamer Kaufvertrag zwischen A und J?
1. Einigung zwischen A und J
a) Angebot des J
aa) äußerer Tatbestand einer Willenserklärung
bb) innerer Tatbestand einer Willenserklärung
(1) Handlungsbewusstsein
(2) Erklärungsbewusstsein
-Willenserklärung bei fehlendem Erklärungsbewusstsein?
(3) Geschäftswille
b) Annahme des Angebots durch J
2. Unwirksamkeit des Angebots wegen Anfechtung des J, § 142 I
a) Anfechtungsgrund, § 119 I
b) Anfechtungserklärung
c) Anfechtungsfrist, § 121
II. Ergebnis: Anspruch (-)

[1] Alle folgenden Paragrafen ohne weitere Kennzeichnung sind solche des BGB.

Frage 2: Anspruch des A gegen J aus § 122
I. Angefochtene Willenserklärung
II. Ausschluss der Ersatzpflicht
III. Ersatz des Vertrauensschadens

Frage 1: Anspruch des A gegen J aus § 433 II auf Zahlung von 2.500 Euro

A könnte gegen J einen Anspruch aus Kaufvertrag gem. § 433 II auf Zahlung des Preises von 2.500 Euro haben. Dazu müsste zwischen A und J ein wirksamer Kaufvertrag entstanden sein.

1. Einigung zwischen A und J

A und J müssten sich geeinigt haben. Eine Einigung kommt zustande durch zwei übereinstimmende Willenserklärungen, nämlich Angebot[2] und Annahme, §§ 145 ff.

a) Angebot des J

J müsste zunächst dem A ein Angebot gemacht haben. Indem J die Hand hob, könnte er ein Angebot zum Kauf der Handschrift zum ausgerufenen Preis abgegeben haben. Dann müsste das Handheben den äußeren und inneren Tatbestand einer Willenserklärung erfüllen.

aa) Äußerer Tatbestand einer Willenserklärung

Der äußere (objektive) Tatbestand einer Willenserklärung ist erfüllt, wenn sich das Verhalten des Erklärenden aus Sicht eines objektiven Beobachters in der Rolle des Erklärungsempfängers als Äußerung eines auf Herbeiführung einer Rechtsfolge gerichteten Willens darstellt.[3] Bei der Auslegung sind dabei alle äußeren bzw. objektiven Umstände zu berücksichtigen. Hier hat J bei einer Versteigerung die Hand gehoben, was üblicherweise als konkludente (=durch schlüssiges Verhalten) Kundgabe eines Gebots gilt. A durfte

---

[2] Das BGB verwendet anstatt des Ausdrucks „Angebot" den heute weit weniger geläufigen Terminus „Antrag"; vgl. etwa § 145.
[3] Vgl. Bork, Allgemeiner Teil des BGB, Rn. 566.

aufgrund der Umstände deswegen von einem entsprechenden Angebot ausgehen, womit der äußere Erklärungstatbestand erfüllt ist.

bb) Innerer Tatbestand einer Willenserklärung
Es müsste auch der innere (subjektive) Tatbestand einer
Willenserklärung vorliegen. Dieser setzt sich nach allgemeiner Auffassung aus drei Bestandteilen zusammen, nämlich
aus dem Handlungswillen, dem Erklärungsbewusstsein sowie dem Geschäftswillen.

(1) Handlungswille
J müsste zunächst Handlungswillen gehabt haben, also den
Willen, überhaupt etwas zu tun oder bewusst zu unterlas-
sen. J hat hier bewusst seine Hand gehoben, weil er seine
privaten Ausführungen unterstreichen wollte. Folglich ist ein
Handlungswille zu bejahen.

(2) Erklärungsbewusstsein
Erklärungsbewusstsein ist zu bejahen, wenn der Handelnde
das Bewusstsein hat, etwas rechtlich Erhebliches zu erklären, mithin eine Rechtsfolge (und nicht nur eine tatsächliche
Folge) herbeizuführen. Hier wollte J seine Geste aber nur zu
rhetorischen Zwecken einsetzen, ging also gerade nicht davon aus, eine rechtsgeschäftliche Erklärung abzugeben.
Demnach fehlte ihm das Erklärungsbewusstsein. Es ist
umstritten, welche Folgen dieses Fehlen hat:

Nach der früher herrschenden sog. **Willenstheorie** ist das
Erklärungsbewusstsein unverzichtbarer Bestandteil des subjektiven Tatbestandes einer Willenserklärung. Ist die
(scheinbare) Erklärung nicht vom Willen des vermeintlich Erklärenden gedeckt, liegt demnach keine Willenserklärung
vor,[4] in **Analogie zu § 118** ist die Willenserklärung vielmehr
als nichtig anzusehen. Aus Gründen der Gerechtigkeit solle

---

[4] Vgl. Brox, Allgemeiner Teil des BGB, Rn. 331.

der Erklärende jedoch nach § 122 analog zum Ersatz des Vertrauensschadens verpflichtet sein.

Weil J hier nichts rechtsgeschäftlich erklären wollte, liegt nach der Willenstheorie keine Willenserklärung vor. Ein Angebot des J wäre zu verneinen, ein Vertrag zwischen A und J käme damit nicht zustande.

Die sog. **Erklärungstheorie** geht trotz fehlendem Erklärungsbewusstsein von einer Willenserklärung aus, wenn der Erklärende bei **pflichtgemäßer Sorgfalt** hätte erkennen und damit vermeiden **können**, dass sein Verhalten als Willenserklärung verstanden werden kann (sog. **potentielles Erklärungsbewusstsein**).[5] Dies gilt nicht, wenn der Erklärungsempfänger vom Fehlen des entsprechenden Bewusstseins gewusst hat, da er dann nicht schutzwürdig sei.[6]

Vorliegend ist davon auszugehen, dass J hier bei pflichtgemäßer Sorgfalt hätte erkennen können, dass das Handheben als Gebot verstanden werden konnte, da er schon einige Zeit in dem Saal verbracht hatte. Da nichts dafür spricht, dass A das Fehlen des Erklärungsbewusstseins erkannt hatte, ist nach der heute herrschenden Erklärungstheorie eine Willenserklärung des J zu bejahen.

Stellungnahme: Die zweite Ansicht trägt der notwendigen **Sicherheit im Rechtsverkehr** Rechnung und **schützt das Vertrauen** des Erklärungsempfängers, soweit er nicht bösgläubig und damit schutzwürdig ist. Zudem steht dem Erklärenden die Möglichkeit offen, das ungewollt zustande gekommene, jedoch möglicherweise vorteilhafte **Geschäft gelten zu lassen**, was die Willenstheorie ausschliessen möchte. Zudem wird die zweite Ansicht den Interessen des Erklärenden auch insofern gerecht, als ihm die **Anfechtung analog § 119** zugebilligt wird, wenn er sich an seiner Willenserk-

---

[5] BGHZ 91, 327 ff.; Lange, JA 2007, 689.
[6] Vgl. Leipold, BGB I, Rn. 591 f.

lärung nicht festhalten lassen will. Daher ist der Erklärungstheorie zu folgen.

Also steht das Fehlen des Erklärungsbewusstseins bei J dem Vorliegen einer Willenserklärung nicht entgegen.

(3) Geschäftswille
Fraglich ist, ob J auch Geschäftswillen besaß. Das ist der Wille, mit der Erklärung eine *ganz bestimmte* Rechtsfolge herbeizuführen, mithin ein *konkretes* Geschäft abzuschließen.[7] Hier wollte J überhaupt keine Rechtsfolge herbeiführen, ein Geschäftswille fehlt also. Doch ist das Fehlen eines Geschäftswillens für die Wirksamkeit einer Willenserklärung unbeachtlich.[8]

Auch der subjektive Tatbestand der Willenserklärung ist damit erfüllt. Ein wirksames Angebot des J liegt folglich vor.

b) Annahme des Angebots durch A
A müsste das Angebot des J auch angenommen haben. Für Versteigerungen enthält das BGB insofern eine Spezialregelung. Gemäß § 156 kommt der Vertrag mit der Erteilung des Zuschlags zustande. Dies ist vorliegend erfolgt, womit ein Vertrag zwischen A und J entstanden ist.

2. Erlöschen des Vertrages wegen Anfechtung
Der Vertrag könnte aber unwirksam geworden sein. Das wäre der Fall, wenn J sein Angebot wirksam angefochten hat. Dann wäre der Vertrag gem. § 142 I als von Anfang an nichtig anzusehen.

a) Anfechtungsgrund des § 119 I Alt. 2
Für eine wirksame Anfechtung müsste der J zunächst einen Anfechtungsgrund haben. Dieser könnte aus einem Irrtum resultieren, worunter man das Auseinanderfallen von objek-

---

[7] Vgl. Brox, Allgemeiner Teil des BGB, Rn. 84.
[8] Neuner, JuS 2007, 885.

tiv Erklärtem und subjektiv Gewolltem versteht. Hier kommt ein Erklärungsirrtum i.S.d. § 119 I Alt. 2 in Betracht. Dieser liegt vor, wenn der Erklärende ein anderes Erklärungszeichen gesetzt hat, als er wollte. Typische Fälle sind das Sichversprechen, Sichverschreiben oder Sichvergreifen. Hier hat J mit seiner Handbewegung aus objektiver Perspektive ein Gebot abgegeben, wollte damit aber subjektiv nur seine Ausführungen unterstreichen. Wegen dieser Abweichung ist damit ein Erklärungsirrtum zu bejahen, ein Anfechtungsgrund lag daher vor.

b) Anfechtungserklärung
Da es sich bei der Anfechtung um ein **Gestaltungsrecht** handelt, müsste J die Anfechtung gem. § 143 I auch erklärt haben. Hierzu ist eine formfreie einseitige empfangsbedürftige Willenserklärung notwendig. Vorliegend erklärte J dem A seine Handbewegung und brachte zum Ausdruck, dass er sich nicht an der Erklärung festhalten lassen wolle. Damit liegt eine Anfechtungserklärung vor.

c) Anfechtungsfrist, § 121
J müsste die Anfechtung gem. § 121 auch fristgerecht erklärt haben, also unverzüglich nach Kenntnis von dem Willensmangel. J hat direkt nach der Versteigerung gegenüber A angefochten, die Erklärung war damit fristgerecht.

Folglich hat J sein Angebot wirksam angefochten. Ergo ist zwischen J und A kein Kaufvertrag zustande gekommen.

II. Ergebnis
A hat keinen Anspruch auf den Kaufpreis aus einem Vertrag gem. § 433 II.

Frage 2: Anspruch des A gegen J aus § 122 auf das negative Interesse

A könnte gegen J einen Anspruch auf Ersatz seines Vertrauensschadens gem. § 122 haben.

I. Angefochtene Willenserklärung

§ 122 setzt voraus, dass eine Willenserklärung nichtig oder rückwirkend angefochten worden ist. Hier hat J seine Erklärung nach § 119 I angefochten. Für den Fall der Anfechtung wegen fehlenden Erklärungsbewusstseins wird die Anwendung des § 122 explizit bejaht.[9]

II. Ausschluss der Ersatzpflicht

Die Ersatzpflicht dürfte nicht ausgeschlossen sein, § 122 II. Ein Ausschlussgrund ist hier nicht erkennbar.

Damit besteht generell ein Schadensersatzanspruch des A gegen J.

III. Ersatz des Vertrauensschadens

A hat einen Anspruch auf Ersatz seines Vertrauensschadens. Vertrauensschaden ist der Schaden, den der Anspruchsberechtigte dadurch erleidet, dass er auf die Gültigkeit der Erklärung und damit des Rechtsgeschäfts vertraut. Nach § 122 ist der Anfechtungsgegner so zu stellen, wie er stünde, wenn er nicht auf die Gültigkeit der Erklärung vertraut, also nie von der angefochtenen Erklärung gehört hätte. Ersatzfähig sind auch die Nachteile durch das Nichtzustandekommen eines möglichen anderen Geschäfts.

In diesem Fall hätte ohne das Gebot des J zumindest derjenige, den J mit überboten hat, den Zuschlag erhalten, so dass A dann zumindest diesen Kaufpreis erhalten hätte. Dieser ist hier als Vertrauensschaden von J an A zu ersetzen. In Abzug zu stellen ist jedoch, dass A das Bild behalten darf und er nicht so zu stellen ist, dass er den Kaufpreis für ein Bild erhält, dessen Eigentum nicht übergeht.

A hat einen Anspruch gegen J aus § 122 I auf Ersatz seines Vertrauensschadens.

---

[9] Vgl. PWW/ *Ahrens,* § 122 Rn. 2.

Fall 2: O'zapft is

▶ **Standort:** Abgabe und Zugang von Willenserklärungen

Timo (T) möchte eine vollautomatisierte Bierzapfanlage für sein Büro kaufen. Er schreibt deswegen dem Bierzapfanlagenverkäufer Bertram (B), dass er das Modell „Malz-Traum", das er vor kurzem bei ihm angesehen hat, zum Preis von 2.000 Euro kaufen will. Den Brief gibt T seiner Freundin Heike (H), die ihn auch wie gebeten zur Post bringt. Am nächsten Morgen um 10 Uhr wirft der Briefträger das Angebot in den Postkasten des B. Inzwischen hat sich T jedoch überlegt, dass ihn seine Kollegen womöglich seltsam finden könnten, wenn er eine Zapfanlage in sein Büro stellt. Deswegen faxt er dem B um 12 Uhr, dass er sein Angebot zurücknehme. Dieser hatte bis dahin den Brief noch nicht gelesen und holt ihn erst nach Kenntnisnahme des Fax' aus seinem Postkasten. B erklärt die Annahme und verlangt von T den Kaufpreis. Zu Recht?

Anspruch B gegen T auf 2.000 Euro aus Kaufvertrag gem. § 433 II
I. Kaufvertrag
1. Angebot
a) Abgabe
b) Zugang
c) wirksamer Widerruf
- rechtzeitiger Widerruf?
2. Annahme
3. Unwirksamkeit des Angebots durch Anfechtung, § 142 I
a) Anfechtungserklärung
b) Anfechtungsgrund
II. Ergebnis: Anspruch (+)

Anspruch B gegen T auf 2.000 Euro aus Kaufvertrag gem. § 433 II

B könnte gegen T einen Anspruch auf Zahlung von 2000 Euro aus Kaufvertrag gem. § 433 II haben.

I. Kaufvertrag

Dazu müsste ein Kaufvertrag zwischen B und T geschlossen worden sein. Ein Kaufvertrag kommt durch übereinstimmende Willenserklärungen (Angebot und Annahme) zustande.

1. Angebot

Zunächst müsste ein Angebot vorliegen. Hier hat T in seinem Brief die wesentlichen Bestandteile des Vertrages (sog. *essentialia negotii*) genannt. Er hat damit ein Angebot formuliert. Um Wirksamkeit zu entfalten, müsste diese empfangsbedürftige Willenserklärung gemäß § 130 sowohl abgegeben worden als auch zugegangen sein.

a) Abgabe

Das Angebot müsste abgegeben worden sein.

Eine Willenserklärung ist **abgegeben**, wenn der Erklärende **alles getan** hat, damit sein Wille den Empfänger erreicht.[10] Eine **schriftliche** Erklärung gegenüber einem Abwesenden wurde dann abgegeben, wenn das Schriftstück willentlich in Richtung des Erklärungsempfängers abgegeben wurde, sodass im Normalfall mit dem Zugang beim Erklärungsempfänger gerechnet werden kann.[11]

Hier hat T der H den Brief gegeben und den Auftrag erteilt, jenen einzuwerfen. Damit hat er alles Notwendige getan, so dass mit dem Zugang bei B unter regelmäßigen Umständen zu rechnen war. Also hat T sein Angebot mit Übergabe des Briefes an H abgegeben.

b) Zugang

Das Angebot müsste auch zugegangen sein, § 130 I 1.

---

[10] Beachte sonst den Unterschied, ob die Willenserklärung empfangsbedürftig ist oder nicht, vgl. Basiswissen BGB AT, S. 43.
[11] Vgl. Köhler, Allgemeiner Teil des BGB, § 6 Rn. 12.

Eine Willenserklärung ist **zugegangen**, wenn sie so in den **tatsächlichen Machtbereich** (Herrschaftsbereich) des Empfängers gelangt ist, dass dieser unter normalen Umständen die **Möglichkeit** hat, von ihr Kenntnis zu nehmen.[12]

Der Brief ist mit dem Einwurf in den Briefkasten des B in dessen Machtbereich gelangt, weil der B nun die Möglichkeit hatte, von diesem Schreiben Kenntnis zu nehmen. Das Angebot könnte damit zugegangen sein. Fraglich ist, wann mit der Kenntnisnahme **gewöhnlich** zu rechnen ist, d.h. in welchem Zeitpunkt nach der **Verkehrsanschauung** der Zugang erfolgt. Die tatsächliche Kenntnisnahme ist dabei obsolet, da es nur um die entsprechende **Möglichkeit** geht. Der Zugang ist also im Zeitpunkt des Einwurfs in den Briefkasten erfolgt, der sich um 10 Uhr ereignete.

c) Wirksamer Widerruf
Das Angebot des T ist gem. § 130 I S. 2 nicht wirksam geworden, wenn er es wirksam widerrufen hat. Dazu müsste der Widerruf vor oder mit Zugang des Angebotes dem B zugegangen sein.

Hier erfolgten der Zugang des Angebots um 10 Uhr und der Widerruf erst um 12 Uhr. Allerdings nahm B das Angebot tatsächlich erst nach dem Widerruf zur Kenntnis. Es ist aber schon nach dem Wortlaut des § 130 I S. 2 bei der Bestimmung des Zeitpunktes allein auf den Zugang, also die Möglichkeit der Kenntnisnahme abzustellen. Das Angebot ging um 10 Uhr zu, der Widerruf erst zwei Stunden später.

Folglich ging der Widerruf weder vor noch mit dem Angebot zu, er ist somit nicht wirksam. Die tatsächliche Kenntnisnahme des Widerrufs bereits vor dem Angebot ändert für die

---

[12] BGHZ 137, 208; Köhler, Allgemeiner Teil des BGB, § 6 Rn. 13.

rechtliche Bewertung nach h.M. nichts.[13] Damit hat T dem B mangels wirksamen Widerrufs ein wirksames Angebot gemacht.

2. Annahme

B müsste das Angebot auch angenommen haben. Hier hat B laut Sachverhalt die Annahme erklärt. Der Kaufvertrag ist damit zustande gekommen.

3. Unwirksamkeit des Angebots durch Anfechtung

Der Kaufvertrag könnte als von Anfang an nichtig anzusehen sein. In Betracht kommt hier eine Anfechtung des Angebots durch T.

a) Anfechtungserklärung

Dazu müsste die Anfechtung dem Anfechtungsgegner gegenüber erklärt worden sein, § 143 I. Hier hat T dem B nicht ausdrücklich die Anfechtung erklärt. Allerdings reicht es aus, wenn der Erklärende unzweideutig zum Ausdruck bringt, dass er das Rechtsgeschäft wegen des einschlägigen Willensmangels rückwirkend beseitigen möchte.[14] T hat durch das Fax erklärt, dass er den Kaufvertragsschluss nicht mehr wollte. Damit liegt eine **konkludente** Anfechtungserklärung des T vor.

b) Anfechtungsgrund

Es müsste auch ein Anfechtungsgrund vorliegen. Vorliegend wollte T dem B bei Abgabe der Erklärung ein Angebot genau des vorliegenden Inhaltes machen, so dass ein Irrtum i.S.d. § 119 I ausscheidet. Auch hat H die Willenserklärung nicht falsch übermittelt, so dass ebenso § 120 nicht einschlägig ist. Ein Anfechtungsgrund liegt damit nicht vor. T konnte damit sein Angebot nicht erfolgreich anfechten.

---

[13] Vgl. Köhler, Allgemeiner Teil des BGB, § 6 Rn. 23; a.A. Hübner, Allgemeiner Teil des BGB, Rn. 422.
[14] BGH, NJW-RR 1995, 859.

Damit ist der Kaufvertrag zwischen T und B wirksam zustande gekommen.

II. Ergebnis

B hat gegen T einen Anspruch auf Zahlung von 2.000 Euro aus Kaufvertrag gem. § 433 II.

Fall 3: Die „Buchschuld"

▸ **Standort:** Angebot, Schweigen als WE, Online-Bestellung

Kai (K) liebt die juristischen Werke des Jura-Verlages (J), weil er damit jede Klausur besteht. Als das neueste Werk des Verlages, erscheint, bestellt K dieses im Online-Shop des J. Dazu legt er den Artikel in den „Warenkorb" und klickt auf den Button „Bestellung absenden". Als das Buch bei K ankommt, ist zufällig ein Exemplar dieses Titels auch vom Buchhändler Ulf (U) in der Post, ohne dass K je Kontakt mit dem U gehabt, geschweige denn dieses Buch bei ihm bestellt hätte. Der Sendung des U ist eine Rechnung über 16,60 Euro beigefügt mit der Aufforderung zur schnellstmöglichen Zahlung. Im bestellten Paket von J befindet sich eine Rechnung über 9,90 Euro. Da K zufällig zuerst das Paket des U aufgemacht hatte, liest er zunächst das darin enthaltene Exemplar, benutzt es sonst aber nicht weiter. K kommt in der nächsten Zeit nicht zu seinen Bankgeschäften und erhält nach vier Wochen ein Schreiben vom Anwalt des U, wonach K entweder den Kaufpreis zahlen oder das Buch, das unter Eigentumsvorbehalt geliefert worden sei, nach § 985 herausgeben soll. Zudem erhält er eine freundliche Zahlungserinnerung des J. Wozu ist K verpflichtet?

A. Anspruch U gegen K auf Zahlung von 16,60 Euro aus Kaufvertrag gem. § 433 II
I. Kaufvertrag
1. Angebot: Paket des U
2. Annahme

a) Schweigen des K als Annahme (-)
b) konkludent durch Benutzung des Buches (-)
II. Ergebnis: Anspruch (-)

B. Anspruch U gegen K auf Herausgabe des Buches gem. § 985
I. Besitz einer Sache
II. Eigentum des U
III. Kein Recht zum Besitz
IV. Wirkung des § 241 a I
V. Ergebnis: Anspruch (-)

**C. Anspruch J gegen K auf Zahlung von 9,90 Euro
aus Kaufvertrag gem. § 433 II**
I. Kaufvertrag
1. Angebot: Bestellung des K
2. Annahme: Zusendung des Buches
II. Ergebnis: Anspruch (+)

A. Anspruch U gegen K auf Zahlung von 16,60 Euro aus Kaufvertrag gem. § 433 II

U könnte gegen K einen Anspruch auf Zahlung von 16,60 Euro aus Kaufvertrag gem. § 433 II haben.

I. Kaufvertrag
K und U müssten einen Kaufvertrag geschlossen haben. Dazu müssten sie sich geeinigt haben. Eine Einigung kommt zustande durch zwei übereinstimmende Willenserklärungen, nämlich Angebot und Annahme, §§ 145 ff.

1. Angebot
Zunächst müsste ein Angebot abgegeben worden sein. Dies ist in der Zusendung des Buches von U an K zu sehen. Ein Angebot durch konkludentes Tun liegt damit vor.

2. Annahme
K müsste das Angebot auch angenommen haben. Dies hat er zumindest nicht ausdrücklich.

a) Schweigen als Willenserklärung
Fraglich ist, ob das Schweigen des K als Annahme anzusehen ist:

Schweigen ist **grundsätzlich keine** Form der (konkludenten) **Willenserklärung**, sondern ein sog. rechtliches *nullum*. Davon gibt es drei **Ausnahmen**, nämlich die Rücksicht auf die besonderen Umstände nach Treu und Glauben (§ 242), eine vorherige vertragliche Vereinbarung, dass Schweigen als Willenserklärung gelten soll und schließlich gesetzliche Wertungen, v.a. bei Kaufleuten nach § 362 I HGB oder auch bei Fortsetzung des Gebrauchs einer Mietsache nach Ablauf der Mietzeit (§ 545).[15]

Hier liegt keine Ausnahme vom oben genannten Grundsatz vor, weshalb das Schweigen keine Annahme des Angebots des U darstellt.

b) Benutzung als konkludente Willenserklärung
Eine Annahme könnte darin gesehen werden, dass K das Buch benutzt hat. Zu beachten ist dabei § **241a.** Danach begründet die Lieferung **unbestellter Sachen** oder die Erbringung unbestellter Leistungen durch einen **Unternehmer** an einen **Verbraucher** ausdrücklich **keinen Anspruch** gegen diesen. U müsste für die Anwendung des § 241a I Unternehmer und K Verbraucher sein. Die Begriffe sind in §§ 13 und 14 I legaldefiniert.

Hier hat K nicht in Ausübung einer gewerblichen oder selbstständigen beruflichen Tätigkeit gehandelt und war folglich Verbraucher gem. § 13. U hat hingegen in seiner Eigenschaft als Buchhändler als Unternehmer i.S.d. § 14 I gehandelt. Damit ist § 241a I hier anwendbar.

Es ist **streitig**, ob eine **konkludente Annahme** durch § 241a I **ausgeschlossen** wird.[16] Schutzzweck der Norm ist es, den Verbraucher vor Ansprüchen zu schützen, die durch Zusendung unbestellter Ware entstehen können. Da der **Schutzzweck** der Norm unterlaufen würde, wenn man den

---

[15] s. Skript Basiswissen BGB AT, S. 37 f.
[16] Zu den Bedenken PWW/*Schmidt-Kessel*, § 241 a, Rn. 1-4.

Gebrauch der Sache als Annahme eines Angebots ansehen würde, ist eine konkludente Annahme hier abzulehnen.

Damit liegt keine Annahme vor, ein Kaufvertrag ist nicht zustande gekommen.

II. Ergebnis

U hat keinen Anspruch auf Zahlung des Kaufpreises gegen K aus Kaufvertrag gem. § 433 II.

B. Anspruch U gegen K auf Herausgabe des Buches gem. § 985

U könnte gegen K einen Anspruch auf Herausgabe des Buches nach § 985 haben.

I. Besitz einer Sache

Dazu müsste das Buch eine Sache, § 90, und K ihr Besitzer sein. Dies ist hier der Fall.

II. Eigentum des U

Weiterhin müsste U Eigentümer (§ 903) der Sache sein. Ursprünglich war U Eigentümer der Sache. Er könnte das Eigentum aber durch Übereignung an K gem. § 929 S. 1 verloren haben.

Dazu müssten sich beide zunächst auf den **Übergang des Eigentums geeinigt** haben. Indem U dem K das Buch zusandte, hat er ihm ein konkludentes **Angebot** zur Übereignung gemacht. Dieses Angebot erfolgte allerdings unter **Eigentumsvorbehalt**, d.h. unter der aufschiebenden Bedingung, dass K den Kaufpreis vollständig an U zahlte, §§ 929 S. 1, 158 I, 449.

Vorliegend hat K den Kaufpreis aber nicht gezahlt. Daher ist das Angebot des U nicht wirksam geworden. Somit ist U weiterhin Eigentümer des Buches.

III. Kein Recht zum Besitz

K dürfte kein Recht zum Besitz haben, § 986 I. Dies ist nicht ersichtlich. Damit liegen die Voraussetzungen des § 985 vor.

IV. Wirkung des § 241 a I

Zu berücksichtigen ist § 241a I jedoch auch im Sachenrecht. Da das Zusenden von unbestellter Ware an einen Verbraucher nach dieser Norm keinen Anspruch begründet, ist auch ein Anspruch nach § 985 ausgeschlossen. Folglich liegt eine Konstellation vor, in welcher das Eigentum (welches beim Unternehmer verbleibt!) und der Anspruch aus § 985 dauerhaft auseinanderfallen.[17]

V. Ergebnis

U hat gegen K keinen Anspruch auf Herausgabe des Buches aus § 985.

C. Anspruch J gegen K auf Zahlung von 9,90 Euro aus Kaufvertrag gem. § 433 II

J könnte gegen K einen Anspruch auf Zahlung von 9,90 Euro aus Kaufvertrag gem. § 433 II haben.

I. Kaufvertrag

Dazu müsste zwischen J und K ein Kaufvertrag geschlossen worden sein. Dies geschieht durch Einigung nach Maßgabe der §§ 145 ff., also durch Angebot und Annahme.

1. Angebot

Zunächst müsste ein Angebot vorliegen. Bei Warenpräsentationen von Online-Shops handelt es sich in der Regel um eine *invitatio ad offerendum*.[18] Darunter versteht man die Einladung, ein Angebot zu einem Vertragsschluss im Sinn von § 145 abzugeben. Eine Bestellung ist demzufolge als (bloßes) Angebot des Kunden anzusehen. K hat folglich hier mit seiner Bestellung dem J ein Angebot gemacht.

---

[17] Lorenz, JuS 2000, 841.
[18] Fritzsche, JA 2006, 679.

2. Annahme

J müsste dies Angebot auch angenommen haben. Die **konkludente** Annahme ist hier jedenfalls darin zu sehen, dass J das **Buch zum Versand** gebracht hat[19]. Weil es im Buchversandhandel unüblich ist, den Käufer zu benachrichtigen, ist der **Zugang der Annahmeerklärung entbehrlich**, § 151. Damit hat J wirksam angenommen, weshalb eine Einigung zwischen K und J vorliegt.

II. Ergebnis

J hat gegen K einen Anspruch auf Zahlung von 9,90 Euro aus Kaufvertrag gem. § 433 II.

Fall 4: Bitte Haakjöringsköd!

▶ **Standort:** *Falsa demonstratio non nocet*, Vertragsauslegung

---

Nach einer Chinareise ist Justus (J) ganz wild auf Haifleisch. Auf der Suche danach stellt er auch an die Lebensmittelhändlerin Rahel (R) eine entsprechende Anfrage. R hat gerade eine Ladung Fisch aus Norwegen mit der Bezeichnung Hvalkjöd gekauft und geht davon aus, dass es sich um Haifleisch handelt. Sie bietet J einen Teil davon an. J ist ebenso der Überzeugung, es handle sich um Haifleisch und so schließen sie einen Vertrag über 10 kg für 310,70 Euro. Tatsächlich bedeutet Hvalkjöd aber Walfleisch, J hätte Haakjöringsköd verlangen müssen. Kann J von R Lieferung von 10 kg Haifleisch verlangen?

Anspruch J gegen R auf Übereignung von Haifleisch aus Kaufvertrag gem. § 433 I 1
I. Kaufvertrag
1. Angebot
2. Annahme
3. Inhalt des Vertrages

---

[19] Die automatisierte Antwort per E-Mail ist meist bloß als Mitteilung des Antragseingangs anzusehen. Sie kann aber auch Annahmeerklärung oder neues Angebot sein (vgl. § 150 Abs. 2).

- Auslegung nach §§ 133, 157, falsa demonstratio non nocet
II. Ergebnis: Anspruch (+)

Anspruch J gegen R auf Übereignung von Haifleisch aus Kaufvertrag gem. § 433 I 1

J könnte gegen R einen Anspruch auf Übereignung von 10 kg Haifleisch aus Kaufvertrag gem. § 433 I 1 haben.

I. Kaufvertrag
Dazu müsste zwischen J und R zunächst ein Kaufvertrag bestehen. Das setzt eine Einigung gem. §§ 145 ff. voraus.

1. Angebot
Es müsste ein Angebot vorliegen. Hier hat R dem J ein Angebot über 10 kg Hvalkjöd für 310,70 Euro gemacht.

2. Annahme
J müsste das Angebot auch angenommen haben. Dies ist laut Sachverhalt der Fall. Eine Einigung liegt damit vor.

3. Inhalt des Vertrages
Zu prüfen ist, welchen Inhalt der Kaufvertrag hat:
Zum einen wollten J und R einen Vertrag über Hvalkjöd, sprich Walfleisch, schließen. Andererseits wollten beide einen Vertrag über die Lieferung von Haifleisch abschließen und haben nur die falsche Bezeichnung hierfür gewählt.

Notwendig ist es deswegen, durch Auslegung **gem. §§ 133, 157** den Inhalt der abgegebenen Willenserklärungen zu ermitteln.[20]

Es ist bei der **Auslegung von Willenserklärungen** vom **objektiven Empfängerhorizont** auszugehen, also davon, was der Empfänger nach Treu und Glauben unter Berücksichti-

---

[20] Zur Auslegung s. Skript Basiswissen BGB AT, S. 49.

gung der Verkehrssitte und der Umstände des Einzelfalls als Willen des Erklärenden auffassen durfte und konnte.[21]

Nur wenn bei der Auslegung keine Übereinstimmung der mit Bezug aufeinander abgegebenen Willenserklärungen festgestellt werden kann, ist ein offener oder verdeckter Dissens anzunehmen, §§ 154, 155.
Regel: Auslegung geht vor Dissens!

Ein objektiver Dritter in der Rolle des Erklärungsempfängers konnte hier aus der Bezeichnung Hvalkjöd schließen, dass R Walfleisch anbot. Das Angebot ist angenommen worden, so dass man von einem Kaufvertrag über Walfleisch ausgehen könnte.

Allerdings ist es das **Ziel der Auslegung** von Willenserklärungen und Verträgen, den **wirklichen Willen** beider Parteien zu erforschen.[22] Deswegen ist eine empfangsbedürftige Willenserklärung auch gegen ihren eindeutigen Wortlaut auf das **tatsächlich Gewollte** auszulegen, wenn beide Parteien **übereinstimmend** das Gleiche gemeint und gewollt haben. Dann gilt der Grundsatz *falsa demonstratio non nocet* – eine falsche Bezeichnung schadet nicht![23]

J und R haben hier übereinstimmend einen Kaufvertrag über Haifleisch schließen wollen. Beiden war nicht bekannt, dass Hvalkjöd allerdings Walfleisch bedeutet. Diese Falschbezeichnung des Gewollten ist hier unschädlich.
Deswegen haben beide einen Kaufvertrag über Haifleisch geschlossen.

II. Ergebnis
J hat demnach einen Anspruch gegen R auf Übereignung des Haifischfleischs aus Kaufvertrag gem. § 433 I 1.

---

[21] BGH, NJW 1990, 3206; 1992, 1446.
[22] Vgl. Larenz/ Wolf, Allgemeiner Teil, § 28 Rn. 18.
[23] Wieser, JZ 1985, 407.

Fall 5: Katzenklo macht niemand froh

▸ **Standort:** Abgrenzung Willenserklärung und Gefälligkeit, Haftungsbeschränkung bei Gefälligkeiten

Silke (S) will sich mit einer Pension für Zuchtkatzen selbständig machen. Sie mietet dafür ein kleines Haus an, das sie entsprechend ihres Zieles renoviert, wobei sie alles selbst in die Hand nimmt. Man hat ihr ein schweres, marmornes Katzenklo geliefert, welches im Vorgarten abgeladen worden ist. Als sie mühsam versucht, das Klo in Richtung Haus zu schieben, kommt der Schüler Tobias Torff (T), ein Bekannter der S, vorbei. Ein Hilfsangebot des T nimmt S sofort an, so dass sie gemeinsam das Katzenklo in das Haus tragen. Es soll in den ersten Stock gebracht werden. Als beide sich auf der Treppe dorthin bewegen, huscht eine Ratte vorbei, was T so erschreckt, dass er die Hände vor seine Augen hält. S hat daraufhin plötzlich das gesamte Gewicht des Katzenklos allein zu tragen, so dass sie polternd die Treppe hinunterfällt. Ihr geschieht nichts, doch das Klo im Wert von 2000 Euro geht zu Bruch. Kann S gegen T vertragliche Ansprüche geltend machen?
Abwandlung: S bekommt die für die Pension bestellten Dinge schneller als erwartet und hat noch keinen Platz, diese alle sicher unterzustellen. Sie bittet deswegen T, einen Kratzbaum bei sich unterzustellen, was dieser auch tut. Nach einigen Tagen stößt T so stark den Kratzbaum aus leichter Unachtsamkeit um, dass dieser unbrauchbar wird. Muss T den Schaden von 70 Euro zahlen?

Anspruch S gegen T auf Schadensersatz aus §§ 280 I, 662
I. wirksames Schuldverhältnis
- liegt ein Rechtsbindungswille vor? (-)
II. Ergebnis: Anspruch (-)

Abwandlung:
I. Anspruch S gegen T auf Schadensersatz aus §§ 280 I, 688
1. wirksames Schuldverhältnis
- liegt ein Rechtsbindungswille vor? (-)
2. Ergebnis: Anspruch (-)

II. Anspruch S gegen T auf Schadensersatz nach § 823 I
1. Rechtsgutsverletzung
2. Verletzungshandlung
3. Haftungsbegründende Kausalität
4. Verschulden
- Haftungsbeschränkung nach § 690 auch bei Gefälligkeiten?
5. Ergebnis: Anspruch (-)

Anspruch S gegen T auf Schadensersatz aus §§ 280 I, 662

S könnte gegen T einen Anspruch auf Schadensersatz aus §§ 280 I, 662 haben

I. Wirksames Schuldverhältnis

Es müsste ein wirksames Schuldverhältnis zwischen S und T bestehen. T wollte der S ohne Gegenleistung beim Tragen helfen. In Betracht käme damit ein Auftrag, § 662.

Dieser kommt durch übereinstimmende Willenserklärungen zustande. Ein Antrag des T zum Abschluss eines entsprechenden Vertrages könnte in dem Hilfsangebot gesehen werden. Fraglich ist, ob T **Rechtsbindungswillen** hatte, d.h. sich zu einer Leistung oder zur Beachtung besonderer Sorgfaltspflichten verpflichten wollte, oder ob eine **reine Gefälligkeit** ohne Rechtsansprüche vorliegt.

Zur Annahme einer reinen Gefälligkeit muss aufgrund des **objektiven Verhaltens** desjenigen, der die Erbringung der Gefälligkeit offeriert, keinerlei Rechtsbindungswillen bzgl. Haupt- oder Nebenpflichten erkennbar sein, d.h. kein Rechtsbindungswille und damit keine Willenserklärung.[24]

Im vorliegenden Fall kennt T die S und hat ihr aus reiner Hilfsbereitschaft helfen wollen. Es handelt sich damit um eine Abrede aus dem rein gesellschaftlich-sozialen Bereich. Damit liegt kein Rechtsbindungswille vor, eine Willenserklä-

---

[24] Vgl. Schreiber, JURA 2001, 811.

rung fehlt. Ein vertragliches Schuldverhältnis ist folglich nicht zustande gekommen.

Klausurhinweis: Regelmäßig ist ein Gefälligkeitsverhältnis schon dadurch angezeigt, dass es sich im Bereich zwischen Nachbarn, Bekannten, Kollegen, nahen Angehörigen etc. abspielt.

II. Ergebnis
S hat gegen T keinen Anspruch auf Schadensersatz aus §§ 280 I, 662.

Beachte: Teilweise wird gelehrt, dass ein Ersatzanspruch analog aus c.i.c. bei Gefälligkeitsverhältnissen bestehen kann. Aber dabei kommt es auch auf den Rechtsbindungswillen an, so dass eine Prüfung daran scheitert, wenn man jenen schon einmal verneint hat. Dies sollte aber, sofern der Sachverhalt nicht ein gegenteiliges Vorgehen nahe legt, nur kurz angesprochen werden-

---

Abwandlung: I. Anspruch S gegen T auf Schadensersatz aus §§ 280 I, 688

S könnte gegen T einen Anspruch auf Schadensersatz aus §§ 280 I, 688 haben.

1. Wirksames Schuldverhältnis
Dazu müsste zunächst ein wirksames Schuldverhältnis zwischen S und T bestehen. In Betracht käme hier ein Verwahrungsvertrag nach § 688.
Fraglich ist in Bezug auf das Vorliegen einer Willenserklärung insoweit einzig, ob T mit **Rechtsbindungswillen** gehandelt hat, als er sich zur Aufbewahrung bereit erklärte. Objektiv erscheint das Verhalten des T aber eine Gefälligkeit zu sein. Es könnte aber zwischen T und S ein sog. **Gefälligkeitsverhältnis mit rechtsgeschäftlichem Charakter** bestehen. Diese haben mit Gefälligkeiten gemein, dass zwar in Bezug auf die Erbringung einer **Hauptleistung ein Rechts-**

bindungswille fehlt. Das schließt aber nicht aus, dass die Vornahme der Gefälligkeit rechtliche Geltung haben kann. Wird eine soweit rechtlich unbeachtliche Gefälligkeit **zugesagt** und vorgenommen, dann sind Neben- und Sorgfaltspflichten zu beachten.[25] Für die Annahme eines Gefälligkeitsverhältnisses muss ein objektiver Dritter in der Rolle des Leistungsempfängers objektiv nach den Umständen, nach Treu und Glauben und nach der Verkehrssitte auf einen entsprechenden Willen schließen dürfen. Folgende **Indizien können** dabei generell bestehen:

a) Für die Begründung von Neben- und Sorgfaltspflichten spricht es, wenn die Sache einen **beachtlichen Wert** hat. Hier liegt der Wert allerdings bei eher geringen 70 Euro.

b) Weiteres entsprechendes Indiz ist, wenn die Angelegenheit von **wirtschaftlicher Bedeutung** für den Leistungsempfänger ist. Hier ist von keiner wirtschaftlichen Bedeutung auszugehen. T hat eine wenig wertvolle Sache aufbewahrt, die auch kaum Platz wegnahm.

c) Abzustellen ist auch darauf, ob der **Gefällige eigene** rechtliche oder wirtschaftliche **Interessen** an der Angelegenheit hat. Solche Interessen des T liegen hier nicht vor.

d) Wenn der Gefällige eine **Gefahr** erkennt, in die der Leistungsempfänger bei fehlerhafter Leistung geraten kann, spricht dies ebenfalls für einen Rechtsbindungswillen des Gefälligen. Auch dies ist im vorliegenden Fall mangels einer solchen Gefahr nicht gegeben.

Unter Abwägung aller genannten Aspekte ist ein Rechtsbindungswillen vorliegend also zu verneinen, womit ein Schuldverhältnis nicht gegeben ist.

---

[25] Vgl. Schreiber, JURA 2001, 811.

2. Ergebnis

S hat gegen T keinen Anspruch auf Schadensersatz aus §§ 280 I, 688.

II. Anspruch S gegen T auf Schadensersatz nach § 823 I

S könnte gegen T einen Schadensersatzanspruch in Höhe von 70 Euro aus § 823 I haben.

1. Rechtsgutsverletzung

T hat das Eigentum der S durch Zerstören des Kratzbaums verletzt. Ein von § 823 I geschütztes Rechtsgut ist mithin tangiert.

2. Verletzungshandlung

Eine Verletzungshandlung liegt im Umstoßen durch T (aktives Tun).

3. Haftungsbegründende Kausalität

Zwischen Verletzungshandlung und Rechtsgutsverletzung besteht vorliegend unproblematisch Kausalität.[26]

4. Verschulden

T müsste auch schuldhaft gehandelt haben. Darunter ist gemäß § 276 Vorsatz oder jede Form von Fahrlässigkeit zu verstehen. Hier war T leicht unachtsam, handelte mithin fahrlässig und damit an sich schuldhaft im Sinn des § 823 I.

Fraglich ist aber, ob eine **Haftungsbeschränkung** eingreift. Dies legt der Rechtsgedanke des § 690 nahe. Danach hat bei unentgeltlicher Verwahrung der Verwahrer nur die Sorgfalt einzuhalten, die er in **eigenen Angelegenheiten** anzuwenden pflegt, was aber nicht von einer Haftung wegen grober Fahrlässigkeit befreit, § 277. Die Sorgfalt bestimmt sich dabei **subjektiv** nach dem für den Schuldner Üblichen.[27] Die Haftung hängt davon ab, wie der Schuldner bzw. Schädiger

---

[26] Zu den einzelnen, immer zu beachtenden Prüfungspunkten der Kausalität siehe Basiswissen Schuldrecht BT, S. 77.
[27] PWW/ *Schmidt-Kessel*, § 277, Rn. 2.

sonst in seinem Alltag handelt. Ist er stets unachtsam und handelt leicht fahrlässig, würde eine Haftung entfallen. Ist er sonst stets achtsam, würde eine Haftungsmilderung auf eigenübliche Sorgfalt keine Auswirkung haben.

Da hier kein Verwahrungsvertrag, sondern eine Gefälligkeit vorliegt, ist § 690 jedenfalls nicht direkt anwendbar. Fraglich ist, ob die Haftungsmilderung auch entsprechend (analog) Anwendung findet:

a) Einer Ansicht nach soll die **Haftungseinschränkung** auf Vorsatz und grobe Fahrlässigkeit, wie sie einige **Gefälligkeitsverträge** vorsehen, z.B. § 521 (Schenkung), § 599 (Leihe) und § 690 (Verwahrung), auch für Gefälligkeiten gelten, wenn sie einem dieser Verträge ähneln.[28] Denn eine solche Privilegierung für mit Rechtsbindungswillen Handelnde, muss erst Recht auch für die gelten, die ganz ohne diesen tätig werden.[29]

Danach würde die Haftung auf Vorsatz und grobe Fahrlässigkeit beschränkt, so dass der nur leicht fahrlässig handelnde T mangels Verschulden nicht haften würde.

b) Eine andere Ansicht, lehnt dies ab. Es ist **kein allgemeiner Grundsatz** der Haftungsbeschränkung bei Gefälligkeitsverträgen erkennbar, da der Auftrag diese Privilegierung nicht kennt. Damit ist die Beschränkung der Haftung nur eine **Ausnahme** und kann als solche nicht analog auf Gefälligkeiten angewendet werden. Aber es soll zur Vermeidung von Unbilligkeiten ein stillschweigender Haftungsausschluss bzw. eine Haftungsbeschränkung angenommen werden, wenn anzunehmen ist, dass der Schädiger bei einer Besprechung der Rechtslage im Vorfeld einen Haftungsausschluss gefordert und der Geschädigte diesen, gemessen am sozialtypischen Maßstab, nicht hätte ablehnen dürfen.[30]

---

[28] Vgl. Medicus, Allgemeiner Teil des BGB, Rn. 198.
[29] Vgl. zum Streit und den Ansichten Schreiber, JURA 2001, 312 f.
[30] Vgl. BGH NJW 89, 3276.

32

Danach ist hier ein stillschweigender Haftungsausschluss anzunehmen, T haftet nach dieser Ansicht ebenfalls nicht.

5. Ergebnis
S hat gegen T keinen Anspruch auf Schadensersatz aus § 823 I.

Klausurhinweis: Bei der Frage nach **Haftung** im Gefälligkeitsbereich ist generell zu **unterscheiden** zwischen:

- **Gefälligkeits***verträgen:* **Schuldverhältnisse**, bei denen eine Partei eine unentgeltliche Leistung erbringt; die Haftung ergibt sich hier unproblematisch aus dem Vertrag.

- **Reinen Gefälligkeiten: ohne Rechtsbindungswillen** ausgeführte Handlungen für andere; hierbei ist die Haftung auf deliktische Handlungen beschränkt.

- **Gefälligkeits***verhältnissen***:** Hier wird für einen anderen etwas unentgeltlich ohne **Rechtsbindungswillen** getan, doch wird in **Bezug auf die Sorgfaltspflichten** ein solcher angenommen. Dabei können sich dann Ansprüche aus **Verletzung dieser Sorgfaltspflichten** ergeben. Meist wird - im Gegensatz zu den reinen Gefälligkeiten - auf die Grundsätze der **c.i.c.** entsprechend zurückgegriffen.

Fall 6: Der Kampf um Dampf

▶ **Standort:** Angebot, invitatio ad offerendum

Christoph Cuhlmann (C) will seiner Freundin Eva (E) zum Studiumsstart etwas schenken. Im Schaufenster des Vlacav Vulkan (V) entdeckt er einen Dampfgarer, der ihm ideal erscheint. C nimmt das Gerät, das mit 31,10 Euro ausgezeichnet ist, aus dem Fenster und legt es auf den Verkaufstresen mit den Worten: „Den nehme ich!" V, der bis auf diesen Dampfgarer alle Geräte verkauft hat und den letzten spontan selber behalten will, verweigert dies. Kann C von V die Übereignung des Gerätes verlangen?

Abwandlung: V hat den Dampfgarer für 31,10 Euro auch in der Zeitung inseriert. E, die das Gerät gerne für C zum Geburtstag kaufen möchte, ruft den V an und teilt ihm mit, dass sie den Dampfgarer kaufen will. V lehnt dies ab. Kann E von V Übereignung verlangen?

Anspruch C gegen V auf Übereignung aus Kaufvertrag gem. § 433 I
I. Kaufvertrag
1. Angebot
a) Angebot des V durch Ausstellen im Schaufenster (-)
b) Angebot durch Erklärung des C (+)
2. Annahme (-)
II. Ergebnis: Anspruch (-)

Abwandlung: Anspruch E gegen V auf Übereignung aus Kaufvertrag gem. § 433 I
I. Kaufvertrag
1. Angebot
a) Inserat (-)
b) Erklärung der E (+)
2. Annahme (-)
II. Ergebnis: Anspruch (-)

Anspruch C gegen V auf Übereignung aus Kaufvertrag gem. § 433 I

C könnte gegen V einen Anspruch auf Übereignung des Dampfgarers aus Kaufvertrag gem. § 433 I haben.

I. Kaufvertrag

Es müsste ein Kaufvertrag geschlossen worden sein. Dieser kommt durch zwei übereinstimmende Willenserklärungen, Angebot und Annahme, also durch Einigung, zustande.[31]

1. Angebot

Zunächst müsste ein Angebot vorliegen. Ein Angebot ist eine **Willenserklärung**, die auf den **Abschluss** eines Vertrages **gerichtet** ist und inhaltlich den Vertrag soweit konkretisiert, dass der Empfänger durch **bloße Zustimmung** (Annahme) den Vertrag zustande bringen kann.

a) Angebot des V durch Ausstellen im Schaufenster

Ein Angebot könnte V gemacht haben, als er den mit dem Preis versehenen Dampfgarer in das Schaufenster stellte. Fraglich ist, ob V insofern mit Rechtsbindungswillen handelte. Dies wäre zu bejahen, wenn er erklärt hätte, einen Kaufvertrag mit derjenigen (noch unbestimmten) Person schließen zu wollen, die die Annahme erklärt.

Das ist durch **Auslegung** entsprechend **§§ 133, 157** zu ermitteln, wobei sowohl die **Einzelumstände** als auch die **Verkehrssitte** zu berücksichtigen sind:

Gegen die Annahme eines Angebots **in solchen Situation** und damit für eine *invitatio ad offerendum* spricht, dass

- bei **Zahlungsunfähigkeit des Kunden** der Ladeninhaber in der Lage sein möchte, das Zustandekommen eines Kaufvertrages zu verhindern;

- der Verkäufer, sollte er den Gegenstand bereits **anderweitig verkauft** haben, durch eine Annahme verpflichtet und, da er den Gegenstand ja nur ein Mal veräußern kann, wegen Unmöglichkeit der Leistungserbringung **schadensersatzpflichtig** würde;

---

[31] Fritzsche, JA 2006, 674.

- der Verkäufer sich u.U. das Recht zur **Entscheidung** darüber vorbehalten will, an **welchen Kunden** er verkauft oder nicht. Dieser Freiheit würde der Verkäufer verlustig gehen, wenn er so generell ein bindendes Angebot machen würde.

Nach dieser Abwägung ist ein Angebot hier nicht anzunehmen. V wollte mit der Auslage des Dampfgarers kein bindendes Angebot machen, ihm fehlte der **Rechtsbindungswille**. Die Auslage in Schaufenstern ist vielmehr als **Aufforderung** an andere zu sehen, ein Angebot zum Abschluss eines Kaufvertrages abzugeben. Es liegt dann eine sog. *invitatio ad offerendum* vor.[32]

b) Angebot durch Erklärung des C
Ein Angebot könnte in der Erklärung des C gesehen werden, er nehme das Gerät. Dies ist hier der Fall. Bei der vermeintlichen *Annahme* handelt es sich also in Wahrheit um ein (erstmaliges) *Angebot* des Interessenten.

2. Annahme
V müsste dieses Angebot auch angenommen haben. Hier lehnt V den Antrag des C allerdings ab, womit eine Annahme zu verneinen ist. Damit ist kein Kaufvertrag zustande gekommen.

II. Ergebnis
C hat keinen Anspruch auf Übereignung des Dampfgarers gegen V aus Kaufvertrag gem. § 433 I

---

[32] Vgl. auch schon Fall 3.

Abwandlung: Anspruch E gegen V auf Übereignung aus Kaufvertrag gem. § 433 I

E könnte gegen V einen Anspruch auf Übereignung des Geräts aus Kaufvertrag gem. § 433 I haben.

I. Kaufvertrag
E und V müssten einen Kaufvertrag geschlossen haben. Dies setzt eine Einigung voraus, §§ 145 ff.

1. Angebot
Zunächst müsste ein Angebot vorliegen.

a) Inserat
Fraglich ist, ob das Inserat des V bereits ein Angebot darstellt. V müsste dann mit der Anzeige erklärt haben, dass er mit jedem, der die Annahme erklärt, einen Kaufvertrag schließen würde, also einen entsprechenden **Rechtsbindungswillen** haben. Dies ist durch Auslegung nach den o.g. Grundsätzen zu ermitteln. Die dort vorgebrachten Argumente sind auch hier zu beachten. Danach wollte V nicht mit jedem, der die Annahme erklärt, einen Vertrag schließen. Ein Rechtsbindungswillen lag nicht vor. Vielmehr liegt auch in dem Inserat eine Aufforderung an andere, ihrerseits ein Angebot zum Vertragsabschluss abzugeben, also eine *invitatio ad offerendum*.

b) Erklärung der E
Die Erklärung der E am Telefon könnte ein Angebot darstellen. E erklärte, den Dampfgarer kaufen zu wollen und unterbreitet damit ein (ausdrückliches) Angebot.

2. Annahme
V müsste das Angebot angenommen haben. Er lehnt dies aber ab. Damit ist kein Kaufvertrag zustande gekommen.

II. Ergebnis
E hat gegen V keinen Anspruch auf Übereignung aus Kaufvertrag gem. § 433 I.

Hinweis: Die *invitatio ad offerendum* kommt in **verschiedenen Gestaltungen** vor, meistens in Form von Schaufenstern, Inseraten, sonstige Werbungen wie Katalogen und Flyern, aber auch Websites mit Einkaufsmöglichkeit,[33] Fernsehverkaufssendungen und Speisekarten. Immer ist das „Angebot" zwar inhaltlich bestimmt, doch aus den genannten Gründen ist ein Rechtsbindungswille dabei abzulehnen, so dass das Eingehen darauf durch andere erst das Angebot darstellt. Zu prüfen bleibt dann, ob es auch angenommen wurde.

---

[33] Siehe dazu etwa LG Essen, NJW-RR 2003, 1207 f.

Fall 7: Zanke an der Tanke

▶ **Standort:** invitatio ad offerendum, ad incertas personas

Krissi Konter (K) ist mit seinem Wagen von einem Auswärts-spiel seines Fußballteams nach Hause unterwegs. Er hält an der Tankstelle des Volkhard (V), an der auf einem Schild zu lesen ist, dass der Liter Superbenzin nur 1,15 Euro kostet, also unglaublich billig ist. K tankt seinen Wagen für 38,77 Euro voll und nimmt an der Kasse aus einem Regal noch eine Ausgabe der Zeitschrift „Bolzer" heraus, die mit 2,50 Euro ausgezeichnet ist. V gibt beim Abrechnen aber 4,50 Euro für die Zeitschrift ein, weil er ein falsches Preisetikett benutzt hatte. K ist empört und verlangt, nur 2,50 Euro zahlen zu müssen.
V geht darauf nicht ein und meint, K solle ihm das Benzin bezahlen und die Zeitschrift mit 4,50 Euro. Hat V Recht?

A. Anspruch V gegen K auf Zahlung von 38,77 Euro aus Kaufvertrag gem. § 433 II
I. Kaufvertrag
- Einigung?
- Kein Angebot des V durch Aufstellen des Schildes an der Tankstelle
- Angebot und Annahme an Selbstbedienungstankstellen,
II. Ergebnis: Anspruch (+)

B. Anspruch V gegen K auf Zahlung von 4,50 Euro aus Kaufvertrag gem. § 433 II
I. Kaufvertrag
1. Angebot
a) Regal
b) Erklärung des K (+)
2. Annahme (-)
II. Ergebnis: Anspruch (-)

A. Anspruch V gegen K auf Zahlung von 38,77 Euro aus Kaufvertrag gem. § 433 II

V könnte gegen K einen Anspruch auf Zahlung des Preises für das Benzin in Höhe von 38,77 Euro aus Kaufvertrag gem. § 433 II haben.

I. Kaufvertrag

Es müsste ein Kaufvertrag durch Einigung zustande gekommen sein. Eine Einigung kommt gem. §§ 145 ff. durch übereinstimmende Willenserklärungen, Angebot und Annahme, zustande.

Zunächst müsste also ein Angebot vorgelegen haben.

Das **Aufstellen des Schildes** mit dem Benzinpreis stellt hier noch kein Angebot des V dar, vielmehr handelt es sich um eine *invitatio ad offerendum*. Es könnte daher ein Angebot seitens des K ergangen sein.

Bei Selbstbedienungstankstellen ist umstritten, wer wann ein Angebot abgibt und wann die Annahme erfolgt:

Einer Ansicht nach sind diese Fälle vergleichbar mit Vertragsschlüssen an **Warenautomaten**, wie z.B. Zigarettenautomaten. Indem der Tankstellenbetreiber die Zapfsäule bereitstelle, gebe er ein Angebot *ad incertas personas* ab.

Wer einen **Warenautomaten**, aufstellt, der gibt dadurch ein sog. **Angebot** *ad incertas personas* ab, d.h. ein solches, das an einen unbestimmten Personenkreis ist. Das Angebot steht unter der **Bedingung**, dass der Käufer das *vorgeschriebene Geldstück* einwirft, die Ware im Automaten auch *vorrätig* und der Automat *funktionstüchtig* ist.

Folgt man dieser Ansicht, so hat V durch das Aufstellen der Zapfsäule ein Angebot zum Vertragsschluss abgegeben und K hat durch das Betanken seines Wagens eine konkludente, auf Annahme des Angebotes gerichtete Willenserklärung abgegeben.

Einer **anderen Ansicht** nach erfolgt das Angebot hingegen erst durch den Kunden, und zwar dann, wenn dieser zum Bezahlen an der Kasse der Tankstelle erscheine.

Danach hat K hier sein Angebot gemacht, als er zum V an die Kasse kam. Das Angebot hat V auch angenommen.

Da nach beiden Ansichten Angebot und Annahme in diesem Fall vorliegen, ist ein Streitentscheid entbehrlich. Zwischen V und K wurde ein Kaufvertrag geschlossen.

II. Ergebnis
V hat gegen K einen Anspruch auf Zahlung von 38,77 Euro aus Kaufvertrag gem. § 433 II.

B. Anspruch V gegen K auf Zahlung von 4,50 Euro aus Kaufvertrag gem. § 433 II

V könnte gegen K einen Anspruch auf Zahlung von 4,50 Euro für die Zeitschrift aus Kaufvertrag gem. § 433 II haben.

I. Kaufvertrag
Es müsste dazu ein Kaufvertrag geschlossen worden sein.

1. Angebot
Dazu müsste zunächst ein Angebot ergangen sein.

a) Regal
Das Angebot könnte durch das Auszeichnen des Magazins und Bereitstellung im Regal abgegeben worden sein. Fraglich ist dabei aber, ob es sich hier nicht um eine *invitatio ad offerendum* handelt. Für das Vorliegen einer *invitatio ad offerendum* sprechen die bereits generell erörterten Gründe (s. Fall 6). Deswegen ist das Auszeichnen und Bereitstellen der Zeitschrift im Regal nicht als Angebot, sondern als Aufforderung zur Angebotsabgabe durch interessierte Kunden zu verstehen.

b) Erklärung des K
Ein Angebot könnte in der Vorlage der Zeitschrift an der Kasse zum ausgezeichneten Preis von 2,50 Euro liegen. Dies ist hier der Fall, wobei eine konkludente Willenserklä-

rung vorliegt. K hat dem V insofern das Angebot zum Abschluss eines Kaufvertrages über die Zeitschrift zum Preis von 2,50 Euro gemacht.

2. Annahme

V müsste dies Angebot auch angenommen haben. Hier wollte V allerdings 4,50 Euro statt 2,50 Euro in die Kasse eingeben.

Wenn eine „Annahme" gegenüber dem Angebot eine **Erweiterung, Einschränkung oder Ablehnung** enthält, also nicht 100% kongruent ist, dann macht der Erklärende damit deutlich, dass er mit dem Angebot so **nicht einverstanden** ist. Diese Erklärung stellt eine Ablehnung des Angebotes da. Nach § 150 II gilt sie als **Ablehnung und gleichzeitig als neuer Antrag**, d.h. als Angebot, das der andere nun seinerseits entweder annehmen oder aber ablehnen kann.

Den Antrag des V, die Zeitschrift für 4,50 Euro zu kaufen, hat K nicht angenommen. Damit liegt keine Einigung und folglich kein Kaufvertrag vor.

II. Gesamtergebnis

V hat keinen Anspruch gegen K auf Zahlung von 4,50 Euro für die Zeitschrift gem. § 433 II. V hat nur einen Anspruch gegen K auf Zahlung des Geldes für das Benzin.

Fall 8: The sweetest things

▶ **Standort:** Zugangsvereitelung von Willenserklärungen

Weil es mit der Juristerei nichts wird, eröffnet Philip (P) einen Süßwarenhandel. Axel (A) findet im Warenkatalog des P seine Lieblingskaubonbons, sog. „Phlipshies". A schreibt P, er möchte 10 Kisten zu je 10,12 Euro kaufen. Weil der Brief nicht ausreichend frankiert ist, verweigert P die Annahme, um kein Nachporto bezahlen zu müssen. Kann A von P Übereignung der Ware verlangen?
Abwandlung: A hat sich verschrieben und 1000 statt 100 Kisten geordert. Deswegen schickt er P, nachdem ihm das aufgefallen ist, eine Anfechtungserklärung. P, der das Angebot aber angenommen hat und eine solche Anfechtung erwartet und fürchtet, verklebt seinen Briefkasten. Deswegen kommt das Schreiben an A zurück. Kann P von A Zahlung für 1000 Kisten verlangen?

Anspruch A gegen P auf Übereignung der Kisten aus Kaufvertrag gem. § 433 I 1
I. Kaufvertrag
- Angebot
1. Abgabe
2. Zugang
- Annahmeverweigerung, hier begründet
II. Ergebnis: Anspruch (-)

Abwandlung: Anspruch P gegen A auf Zahlung von 10.120 Euro aus Kaufvertrag gem. § 433 II
I. Kaufvertrag
II. Anfechtung des Angebots
1. Anfechtungsgrund und Frist (+)
2. Anfechtungserklärung
- Zugang (-), aber Fiktion des Zugangs?
a) § 242 (+)
b) § 162 I analog (+)
aa) planwidrige Regelungslücke
bb) vergleichbare Interessenlage
III. Ergebnis: Anspruch (-)

Anspruch A gegen P auf Übereignung der Kisten aus Kaufvertrag gem. § 433 I 1

A könnte gegen P einen Anspruch auf Übereignung von 10 Kisten mit Süßwaren aus Kaufvertrag gem. § 433 I 1 haben.

I. Kaufvertrag
Dazu müsste ein wirksamer Kaufvertrag bestehen. Das setzt eine Einigung mittels Angebot und Annahme voraus. Es müsste ein Angebot vorliegen. Hier hat A dem P einen entsprechenden Brief geschrieben, der die *essentialia negotii* enthielt.

1. Abgabe[34]
Um wirksam zu sein, müsste A sein ausdrückliches Angebot auch abgegeben haben. Das hat A getan, in dem er es in die Post gab.

2. Zugang
Das Angebot müsste P zugegangen sein. Zugang liegt vor, wenn die Willenserklärung so in den Machtbereich des Empfängers gelangt ist, dass er unter gewöhnlichen Umständen von ihr Kenntnis nehmen kann. Hier konnte P nicht Kenntnis von dem Angebot nehmen, da der Postbote ihm den Brief nicht ausgehändigt hatte.

Es könnte hier aber eine **Zugangvereitelung** vorliegen. Dies wäre der Fall, wenn die **Verhinderung** des Zugangs auf einem Umstand beruht, die dem eigentlichen Empfänger zuzurechnen ist. Hier hat P die Annahme verweigert und damit den Zugang verhindert.

Eine **grundlose** Verweigerung der Annahme führt zu einer nach Treu und Glauben (§ 242) gebotenen **Fiktion des Zugangs**. Dann gilt die Willenserklärung auch ohne weiteren

---

[34] Vgl. zu Abgabe und Zugang einer schriftlichen Willenserklärung unter Abwesenden bereits Fall 2.

44

Zustellungsversuch als **zugegangen**, wenn dies der Erklärende will.[35] Hier hat P allerdings mit Grund die Annahme verweigert, nämlich um kein Nachporto zahlen zu müssen. Da es in der **Verantwortung des Absenders** liegt, einen Brief ausreichend zu frankieren, ist das Zugangshindernis hier dem Absender A zuzurechnen. Damit ist ein Angebot nicht zugegangen und damit nicht wirksam geworden, so dass ein Kaufvertrag damit nicht zustande gekommen ist.

II. Ergebnis
A hat gegen P keinen Anspruch auf Übereignung von 100 Kisten mit Süßwaren aus Kaufvertrag gem. § 433 I 1.

Abwandlung: Anspruch P gegen A auf Zahlung von 10.120 Euro aus Kaufvertrag gem. § 433 II

P könnte einen Anspruch gegen A auf Zahlung von 10.120 Euro aus Kaufvertrag gem. § 433 II haben.

I. Kaufvertrag
Zwischen A und P müsste dazu zunächst ein Kaufvertrag geschlossen worden sein. Dies ist laut Sachverhalt der Fall.

II. Anfechtung des Angebots
Der Kaufvertrag könnte aber *ex tunc* unwirksam gem. § 142 I sein, wenn A sein Angebot erfolgreich angefochten hat.

1. Anfechtungsgrund und Frist
Dazu müsste A einen Anfechtungsgrund haben, den er fristgerecht geltend gemacht hat.

A hatte sich verschrieben. Nach § 119 I Alt. 2 berechtigt die Abgabe einer Erklärung, die aufgrund eines fehlerhaften Erklärungszeichens so nicht gewollt war, zur Anfechtung. Ein entsprechender Grund lag damit vor. Auch hat A diesen

---

[35] Vgl. Bork, Allgemeiner Teil des BGB, Rn. 636 f.

gleich nach seiner Entdeckung geltend gemacht und damit die Frist eingehalten, § 121.

2. Anfechtungserklärung

A müsste die Anfechtung auch wirksam erklärt haben. Dies setzt Abgabe und Zugang der Erklärung voraus, § 130. Fraglich ist, ob die Anfechtungserklärung dem P zugegangen ist. Hier gelangte das Schreiben nicht in den Briefkasten des P und damit nicht in seinen Machtbereich. Ein Zugang liegt also nicht vor. P könnte aber die Zugangsverhinderung zuzurechnen sein. Dann würde der Zugang fingiert werden.

a) § 242

In Betracht kommt hier die Fingierung des Zugangs nach **Treu und Glauben**, § 242. Danach ist der Schuldner verpflichtet, die Leistung so zu bewirken, wie es eben Treu und Glauben mit Rücksicht auf die **Verkehrssitte** erfordern. Dem widerspricht es, wenn der Zugang einer Erklärung, mit der gerechnet wird, bewusst durch Zukleben des Briefkastens verhindert wird. Bei solch **grundloser** oder auch **arglistiger** Verweigerung ist es dem Erklärenden nicht zuzumuten, nochmals eine Zustellung zu versuchen. Folglich liegt nach § 242 ein wirksamer (fingierter) Zugang vor.

b) § 162 I analog

Die Anfechtungserklärung könnte auch nach § 162 I analog als zugegangen angesehen werden. § 162 I regelt die Vereitelung eines Bedingungseintritts. § 162 I ist jedoch nicht direkt anwendbar, da A und P keine Bedingung vereinbart hatten. In Betracht kommt eine **analoge** Anwendung der Norm. Das setzt eine planwidrige Regelungslücke und vergleichbare Interessenlage voraus.

aa) Planwidrige Regelungslücke

Da eine gesetzliche Regelung für die Zugangsvereitelung durch Vertragspartner fehlt, besteht eine Regelungslücke. Es ist auch davon auszugehen, dass diese nicht bewusst vom Gesetzgeber offen gelassen wurde, womit Planwidrigkeit zu bejahen ist.

bb) Vergleichbare Interessenlage

In beiden Fällen geht es um Verschaffung eines Vorteils durch treuwidriges Verhalten. Damit ist die Interessenlage vergleichbar. Folglich sind die Voraussetzungen für eine analoge Anwendung des § 162 I gegeben. Danach wird er Zugang der Anfechtungserklärung auch nach § 162 I analog fingiert. Damit ist die Anfechtung wirksam, womit eine für den Vertrag konstitutive Willenserklärung nicht besteht.

III. Ergebnis

P hat keinen Anspruch gegen A auf Zahlung von 10.120 Euro aus Kaufvertrag gem. § 433 II.

Fall 9: Der Werfer im Weizen

▶ **Standort:** Abgabe und Zugang von Willenserklärungen

Michi Müdtke (M) ist Englischlehrer. Während seiner Überlegungen, welche Lektüre er mit seiner Klasse im nächsten Halbjahr durchnehmen soll, stößt er im Katalog des Buchhändlers Stefan Seppe (S) auf ein günstiges Angebot. Dort werden 20 Exemplare des Klassikers „Der Werfer im Weizen" im Original für insgesamt 60 Euro feilgeboten. M füllt entsprechend ein Bestellformular aus, lässt es aber auf seinem Schreibtisch liegen, weil er erst noch weiter sehen will, ob er nicht noch etwas anderes findet. Am nächsten Morgen, als M bereits in der Schule ist, findet seine Freundin Claudi (C) den Brief. Da sie glaubt, M hätte in seiner Zerstreutheit vergessen, das Schreiben in die Post zu geben, übernimmt sie dies. Als S die Annahme erklärt, fällt M aus allen Wolken und fragt sich, ob er zahlen muss. Muss er?

Abwandlung: M schickt seine Bestellung ab. S, der nur ein paar Häuser weiter wohnt, kommt persönlich zur Wohnung von M. Diesen trifft er allerdings nicht an, sondern nur den sechsjährigen Sohn Filius (F) von M und C. F soll dem M ausrichten, dass S das Angebot annimmt. F vergisst das. Kann S den Kaufpreis verlangen?

Anspruch S gegen M auf 60 Euro aus Kaufvertrag gem. § 433 II
I. Kaufvertrag
- Angebotsabgabe (-)
II. Ergebnis: Anspruch (-)

Abwandlung: Anspruch S gegen M auf 60 Euro aus Kaufvertrag gem. § 433 II
I. Kaufvertrag
1. Angebot
2. Annahme
- Ist der Sohn des M Vertreter, Empfangsbote oder Erklärungsbote?
II. Ergebnis: Anspruch (-)

Anspruch S gegen M auf 60 Euro aus Kaufvertrag gem. § 433 II

S könnte gegen M einen Anspruch auf Zahlung von 60 Euro aus Kaufvertrag gem. § 433 II haben.

I. Kaufvertrag

Es müsste ein Kaufvertrag geschlossen worden sein. Dieser kommt durch übereinstimmende Willenserklärungen, Angebot und Annahme, zustande, §§ 145 ff.

M hat hier ein hinreichend bestimmtes Angebot, das die *essentialia negotii* enthielt, mit dem Bestellformular ausgefüllt. Das Angebot muss als eine empfangsbedürftige Willenserklärung, um wirksam zu sein, sowohl abgegeben als auch dem Empfänger, hier S, zugegangen sein. Zunächst müsste M also sein Angebot abgegeben haben.

Eine Willenserklärung ist **abgegeben**, wenn der Erklärende alles getan hat, damit die Erklärung an den Empfänger gelangt. Das setzt den **Willen des Erklärenden** voraus, dass seine Erklärung auch in den Verkehr gebracht wird.

M hat das Angebot nicht in den Verkehr gebracht, das Handeln der C war weder von ihm erbeten noch sonst wie von seinem Willen getragen worden. M hat sein Angebot also nicht abgegeben. Folglich fehlt es am Merkmal der *willentlichen* Abgabe. Damit ist das Angebot nicht wirksam geworden, ein Kaufvertrag ist nicht zustande gekommen.

II. Ergebnis
S hat gegen M keinen Anspruch auf Zahlung aus Vertrag gem. § 433 II.

Abwandlung: Anspruch S gegen M auf 60 Euro aus Kaufvertrag gem. § 433 II

S könnte gegen M einen Anspruch auf Zahlung von 60 Euro aus Kaufvertrag gem. § 433 II haben.
I. Kaufvertrag
Zwischen S und M müsste zunächst ein Kaufvertrag geschlossen worden sein. Dazu müssten sich beide geeinigt haben. Eine Einigung kommt durch zwei übereinstimmende Willenserklärungen, zustande, §§ 145 ff.

1. Angebot
Es müsste ein wirksames Angebot vorliegen. Das liegt in Gestalt des Schreibens des M, das dem S auch zugegangen ist, vor.

2. Annahme
S müsste das Angebot auch angenommen haben. S hat die Annahme gegenüber dem F erklärt und damit abgegeben. Die Annahme müsste dem M jedoch auch zugegangen sein, um Wirksamkeit zu entfalten. Dazu ist zu klären, ob der Sohn F Empfangsvertreter des M oder Empfangsbote oder Erklärungsbote ist.

F könnte Empfangsvertreter des M gewesen sein.

> **Empfangsvertreter** des Empfängers ist, wer zur Entgegennahme von Willenserklärungen besonders **bevollmächtigt** und berechtigt ist. Erforderlich ist also ein Handeln in fremdem Namen mit Vertretungsmacht. Eine dem Empfangsvertreter gegenüber abgegebene Willenserklärung wirkt gem. § 164 III **unmittelbar** für und gegen den Vertretenen; daher gilt eine Erklärung beim Geschäftspartner als zugegangen, wenn sie derart in den Herrschaftsbereich des Stellvertreters gelangt ist, dass dieser unter gewöhnlichen Umständen die Möglichkeit der Kenntnisnahme hatte.[36]

Hier hatte der F jedoch keine entsprechende Vollmacht erteilt bekommen und ist damit nicht Vertreter des M gewesen.

F könnte jedoch Empfangsbote gewesen sein.

> **Empfangsbote** ist, wer vom Empfänger zur Annahme von Erklärungen ausdrücklich oder konkludent **bestellt** worden ist oder nach Verkehrsauffassung als solcher **anzusehen** ist, etwa Ehepartner, erwachsene Familienmitglieder im selben Haushalt oder Hausangestellte.[37] Die Person muss in der Lage sein, die Erklärung **zuverlässig zu erfassen** und **weiterzugeben**. Die Erklärung geht bei Einschaltung von Empfangsboten in dem Zeitpunkt zu, in dem die Weitergabe an den anvisierten Erklärungsempfänger **regelmäßig zu erwarten** war.[38] Falsche, verspätete oder ganz ausbleibende Weiterleitung geht damit zu Lasten des Empfängers.

Aufgrund des Alters des F konnte S vernünftigerweise nicht von einer zuverlässigen Weitergabe ausgehen. Damit ist F kein Empfangsbote.

F könnte allerdings Erklärungsbote gewesen sein.

---

[36] BGH, NJW 2002, 1042.
[37] BGH, NJW 2002, 1566.
[38] Vgl. Nippe, JuS 1991, 287.

Erklärungsbote ist, wer vom Erklärenden dazu **beauftragt** wurde, die Erklärung an den Empfänger zu übermitteln. Wenn die Person **nicht** als **ermächtigt** anzusehen ist (z.b. kleine Kinder oder ein Nachbar), also nicht Empfangsbote sein kann, dann ist von einem Erklärungsboten auszugehen. **Merksatz:** Ist das Kindlein noch so klein, kann es dennoch Bote sein! In diesen Fällen geht die Erklärung erst mit der **tatsächlichen Weitergabe** zu,[39] das Risiko trägt damit der Erklärende.

Hier ist F als Erklärungsbote anzusehen. Damit kommt es auf die tatsächliche Weitergabe an den gewollten Erklärungsempfänger an. Da F die Annahme aber nicht an M weitergab, liegt auch eine wirksame Annahme nicht vor, womit auch eine Einigung ausscheidet. Folglich liegt kein wirksamer Kaufvertrag zwischen S und M vor.

II. Ergebnis
S hat gegen M keinen Anspruch auf Zahlung des Kaufpreises aus Kaufvertrag gem. § 433 II.

---

[39] Vgl. Medicus, Allgemeiner Teil des BGB, Rn. 284.

Fall 10: Kettenreaktion

▶ **Standort:** Geheimer Vorbehalt

Dennis Doch (D) ist über seine Bekannte Mulli (M) verärgert, weil deren Hund, vor dem er Angst hat, ihn bei Besuchen immer von seinem Lieblingsplatz vertreibt. Vor Wut darüber, dass M dem mal wieder tatenlos zusieht, nimmt D das Silberkettchen, das M ihm zu Weihnachten geschenkt hatte, und gibt es vor den Augen der M seinem Mitbewohner Thomas (T) mit den Worten: „Das kannst du behalten! Mir liegt nichts daran!" T nimmt die Kette gerne, weil er sie versetzen kann. D hatte aber nie vor, das Schmuckstück wegzugeben, sondern wollte M nur provozieren. Noch bevor M später wieder geht, versöhnt sie sich mit D wieder. Als D dann die Kette von T verlangt, verweigert T die Herausgabe. Zu Recht?

A. Anspruch D gegen T auf Herausgabe der Kette gem. § 985
I. Eigentum des D
- Übereignung der Kette an T?
a) Übergabe
b) dingliche Einigung
- geheimer Vorbehalt, § 116
II. Ergebnis: Anspruch (-)

B. Anspruch D gegen T auf Herausgabe gem. § 812 I 1 Alt. 1
I. Etwas erlangt
II. Durch Leistung
III. ohne Rechtsgrund
1. Einigung Schenkungsvertrag
- geheimer Vorbehalt?
2. Formvorschrift, § 518 I
IV. Ergebnis: Anspruch (-)

A. Anspruch D gegen T auf Herausgabe der Kette gem. § 985

D könnte gegen T einen Anspruch auf Herausgabe der Kette gem. § 985 haben.

I. Eigentum des D

Dazu müsste D Eigentümer der Kette sein. Dies war D ursprünglich auch. Fraglich ist, ob er dadurch, dass er die Kette dem T gab, diese nach § 929 S. 1 übereignet hat.

a) Übergabe

Zunächst müsste D die Kette dem T gegeben haben. Die Übergabe liegt hier vor. Da sie ein reiner Realakt ist,[40] spielen Willensvorbehalte keine Rolle.

b) Dingliche Einigung

D und T müssten sich auch dinglich geeinigt haben. Es müssen also **zwei übereinstimmende Willenserklärungen** darüber vorliegen, dass das Eigentum übergehen soll. Fraglich ist hier aber, wie es sich auswirkt, dass D entgegen seiner Äußerung die Kette doch behalten und die M nur ärgern wollte, also sich vorbehält, das Erklärte gar nicht zu wollen.

Dies stellt einen **geheimen Vorbehalt**, eine sog. **Mentalreservation** dar. Generell können solche geheimen Vorbehalte schon mit Blick auf einen geordneten Rechtsverkehr nicht beachtlich sein. Nach § 116 ist die Mentalreservation daher nur dann beachtlich, wenn der Erklärungsempfänger diese kannte.

Kennt der Erklärungsempfänger den Vorbehalt **nicht**, dann schützt das Gesetz in § 116 S. 1 dessen berechtigtes Vertrauen darauf, dass die Erklärung ernst gemeint war. Das Motiv für den **Vorbehalt ist unbeachtlich.** Eine Willenserklärung ist dann also grundsätzlich **wirksam. Kennt** der Erklärungsempfänger allerdings den geheimen **Vorbehalt,** dann wird kein schützenswertes Vertrauen erzeugt, so dass die **Willenserklärung nichtig** ist, § 116 S. 2. Dies setzt aber immer **positive Kenntnis** voraus, d.h. selbst wenn der Empfänger grob fahrlässig den Vorbehalt bei aller Deutlichkeit nicht kennt ist er geschützt. Dies alles gilt **nur für**

---

[40] Vgl. PWW/ *Prütting,* § 929 Rn. 10.

> empfangsbedürftige **Willenserklärungen**, da nur dann ein Empfänger vorhanden ist, den es zu schützen gilt.[41]

Hier kannte T den Vorbehalt nicht. Selbst wenn er aufgrund der Situation vielleicht von einem solchen ausgehen konnte und dies fahrlässig nicht tat, spielt dies mangels positiven Wissens keine Rolle. Damit liegt eine dingliche Einigung vor. Folglich hat D das Eigentum an der Kette wirksam dem T übergeben.

II. Ergebnis

Mangels Eigentums hat D keinen Anspruch gegen T auf Herausgabe der Kette gem. § 985.

B. Anspruch D gegen T auf Herausgabe der Kette gem. § 812 I 1 Alt. 1

D könnte gegen T einen Anspruch auf Herausgabe der Kette gem. § 812 I 1 Alt. 1 haben.

I. Etwas erlangt

Dazu müsste T etwas erlangt haben. Hier hat T von D das Eigentum und den Besitz an der Kette erlangt.

> **Klausurhinweis**: Das Erlangte muss immer **das Recht an der Sache**, z.B. das Eigentum, sein, nicht die Sache selbst!

II. Durch Leistung

T müsste das Eigentum auch durch Leistung des D erlangt haben. Leistung ist jede bewusste, zweckgerichtete Mehrung fremden Vermögens. Eine Leistung des D an T liegt hier vor.

III. Ohne Rechtsgrund

T müsste das Eigentum ohne Rechtsgrund erlangt haben. Als Rechtsgrund kommt hier eine Schenkung des D an T in

---

[41] Vgl. Bork, Allgemeiner Teil des BGB, Rn. 795 ff.

Betracht. Fraglich ist aber, ob der hierfür notwendige Schenkungsvertrag wirksam ist.

1. Einigung Schenkungsvertrag

Die Schenkung ist ein **Vertrag** und bedarf damit zwei übereinstimmender Willenserklärungen, um zustande zu kommen. Hier hat D dem T ein Angebot zur Schenkung gemacht. Fraglich ist aber, wie sich der geheime Vorbehalt des D auswirkt. Da T diesen nicht kannte, ist § 116 S. 1 anzuwenden. Die **Mentalreservation** ist damit unbeachtlich, das Angebot wirksam. Dieses hat T auch angenommen, indem er die Kette nahm. Damit liegt eine Einigung vor.

2. Formvorschrift, § 518 I

Der Schenkungsvertrag müsste, um wirksam zu sein, auch formgerecht geschlossen worden sein. Gemäß § 518 I bedarf das Schenkungsversprechen der notariellen Beurkundung. Diese liegt nicht vor. Allerdings wird dieser Mangel gem. § 518 II dadurch **geheilt,** dass die versprochene Leistung bewirkt wird. Hier hat D dem T mit dem Schenkungsversprechen auch gleich die Kette übereignet und dadurch die versprochene Leistung bewirkt. Damit liegt die Heilung des Formmangels gem. § 518 II vor.

Folglich lag der Leistung ein gültiger Schenkungsvertrag zugrunde, die Leistung erfolgte demnach mit Rechtsgrund.

IV. Ergebnis

D hat keinen Anspruch gegen T auf Herausgabe gem. § 812 I 1 Alt. 1.

Fall 11: Oma ihr klein Häuschen

▸ **Standort:** Scheingeschäft

Um ihrer armen Enkelin Erna das Studium zu finanzieren, das wegen der Studiengebühren und den neuen, teils unsinnigen Studienordnungen nahezu unbezahlbar geworden ist, will Oma Oldenburg-Holstein (O) ihr kleines Häuschen verkaufen, also ihr Grundstück samt Gebäude. Sie findet in Karlfried Kostendrücker (K) einen Käufer. Sie vereinbaren einen Kaufpreis von 300.000 Euro, wollen aber, um Steuern und Notarsgebühren zu sparen, den Vertrag nur über 210.000 Euro beurkunden lassen. Nach Übereignung des Grundstücks verlangt O 300.000 Euro. K weigert sich zu zahlen. Kann O Zahlung verlangen?

Anspruch O gegen K auf Zahlung von 300.000 Euro aus Kaufvertrag gem. § 433 II
I. Kaufvertrag
1. Einigung
2. Unwirksamkeit des beurkundeten Vertrags
a) § 116 S. 2
b) § 117 I
3. Wirksamkeit des verdeckten Geschäfts
- § 117 II
a) Formmangel
- §§ 311 b I 1, 125
b) *falsa demonstratio non nocet*
c) Heilung, § 311 b I 2 (+)
II. Ergebnis: Anspruch (+)

Anspruch O gegen K auf Zahlung von 300.000 Euro aus Kaufvertrag gem. § 433 II

O könnte gegen K einen Anspruch auf Zahlung von 300.000 Euro aus Kaufvertrag gem. § 433 II haben.

I. Kaufvertrag

Dazu müsste ein Kaufvertrag zwischen O und K geschlossen worden sein. Ein Kaufvertrag kommt durch zwei übereinstimmende Willenserklärungen, Angebot und Annahme, zustande, §§ 145 ff.

1. Einigung

O und K haben sich hier an sich zwar über den Verkauf des Grundstücks geeinigt. Allerdings bestehen hinsichtlich des Preises zwei divergierende Erklärungen. Vor dem Notar haben sie den Kaufpreis zum Schein auf nur 210.000 Euro festgelegt, tatsächlich hatten sie sich aber auf 300.000 Euro geeinigt.

2. Unwirksamkeit des beurkundeten Vertrags

Fraglich ist, ob der beurkundete Vertrag nichtig ist. Dies könnte er sowohl nach § 116 S. 2 als auch nach § 117 I sein.

a) § 116 S. 2

Nach § 116 S. 2 sind solche Willenserklärungen, die mit geheimem Vorbehalt abgegeben werden, dann nichtig, wenn der Empfänger um den Vorbehalt weiß. Hier wusste K, dass die Erklärung der O vor dem Notar unter dem Mentalvorbehalt stand, dass O für einen höheren Betrag verkaufen wollte. Ebenso wusste die O, dass die Annahmeerklärung des K unter dem Vorbehalt stand, dass dieser ebenfalls für einen höheren Preis kaufen wollte. Damit sind beide Erklärungen gem. § 116 S. 2 vor dem Notar nichtig, dieser Vertrag ist damit nicht zustande gekommen.

b) § 117 I

Nach § 117 I ist eine Willenserklärung, die mit dem Einverständnis des Empfängers nur zum Schein abgegeben wird, nichtig. Ausnahmen hiervon werden nur zum Schutz eines Dritten zugelassen (z.B. über die Tatbestände zum gutgläubigen Erwerb).

> Bei **Scheingeschäften** geht es den Beteiligten einvernehm-
> lich nur darum, den äußeren Anschein des Abschlusses ei-
> nes Rechtsgeschäfts zu **erwecken**, sie wollen aber tatsäch-
> lich die mit dem Geschäft verbundenen Rechtsfolgen nicht.[42]

Hier haben sowohl O als auch K ihre Erklärung mit Wissen
des anderen nur zum Schein abgegeben. Damit sind die Erklärungen auch gem. § 117 I nichtig. Fraglich ist, in welchem
Verhältnis § 116 S. 2 und § 117 I zueinander stehen.

> § 116 S. 2 geht lediglich von einem Kennen davon, dass der
> Erklärende das Gesagte nicht ernst meint, aus, während der
> § 117 I ein **Einverständnis** zwischen Erklärendem und Em-
> pfänger voraussetzt, also eine Einverständlichkeit darüber,
> dass nur zum Schein und nicht ernsthaft erklärt wird.[43] Der
> § 117 I ist damit **spezieller** und geht dem § 116 S. 2 vor.

Als speziellere Norm ist damit hier § 117 I einschlägig. Somit
ist der beurkundete Kaufvertrag über 210.000 Euro nichtig
gem. § 117 I.

3. Wirksamkeit des verdeckten Geschäfts
Damit ist zu prüfen, ob das verdeckte, ernst gemeinte Geschäft mit dem Kaufpreis von 300.000 Euro wirksam ist. O
und K haben sich über die *essentialia negotii* geeinigt und
hatten einen entsprechenden Rechtsbindungswillen. Insoweit sind die Voraussetzungen erfüllt.

a) Formmangel
Der Kaufvertrag müsste aber auch formgerecht sein. Da es
sich hier um einen Vertrag über ein Grundstück handelt,
müsste dieser notariell beurkundet worden sein, § 311 b I 1.
Hier haben sich O und K aber nur tatsächlich geeinigt, eine
notarielle Beurkundung liegt nicht vor. Damit ist der Vertrag
wegen Formmangels nichtig, §§ 311 b I 1, 125.

---

[42] BGHZ 67, 339.
[43] Vgl. Bork, BGB I, Rn. 578 ff.

b) *Falsa demonstratio non nocet*

Der Vertrag über 300.000 Euro könnte aber wirksam mit dem beurkundeten Vertrag über 210.000 Euro zustande gekommen sein. Das wäre der Fall, wenn der falsch genannte Kaufpreis für die Wirksamkeit keine Bedeutung hätte. Nach der Regel *falsa demonstratio non nocet* ist eine Falschbezeichnung für die Vertragswirksamkeit bedeutungslos, wenn beide Parteien übereinstimmend etwas anderes als das Erklärte wollten.[44] Hier haben O und K übereinstimmend einen anderen Kaufpreis gewollt als jenen, den sie vor dem Notar erklärt hatten. Allerdings ist die Regel nur anwendbar, wenn es sich um eine versehentliche, also **unbewusste Falschbezeichnung** handelt.[45] Hier haben O und K allerdings bewusst den falschen Preis genannt. Damit ist eine Wirksamkeit des Vertrages nach dieser Regel ausgeschlossen.

c) Heilung des Formmangels

Es könnte eine Heilung des Formmangels vorliegen. Der Formmangel wird geheilt und damit der Vertrag wirksam, wenn das Grundstück übereignet worden ist, § 311 b I 2. Hier hat O dem K das Grundstück durch Auflassung und Eintragung im Grundbuch übereignet, damit ist der Formmangel geheilt. Der Vertrag ist damit wirksam geworden.

II. Ergebnis

O hat gegen K einen Anspruch auf Zahlung von 300.000 Euro aus Kaufvertrag gem. § 433 II.

Hinweis: Das Scheingeschäft ist zu unterscheiden vom **Treuhand-, Strohmann-** und **Umgehungsgeschäft**. Bei diesen soll die Rechtsfolge der Willenserklärung tatsächlich auch eintreten.[46]

---

[44] Vgl. Bork, Allgemeiner Teil des BGB, Rn. 519.

[45] Vgl. Leipold, BGB I, S. 169 Fn. 4.

[46] Näher dazu etwa Brox, Allgemeiner Teil des BGB, Rn. 358.

Fall 12: Spaß muss sein

▶ **Standort:** Scherzerklärung

Fridolin Fermieter (F) ist mit Meta Mieta (M) befreundet und hat ihr auch eine Wohnung deswegen gegen eine geringe Miete überlassen. Weil sich M allerdings eher undankbar zeigt und auch nicht regelmäßig die Miete überweist, ist F nicht gut auf sie zu sprechen. Auf einer ausgelassenen und fröhlichen Party bei gemeinsamen Freunden erklärt F der M vor allen anderen Gästen, dass er den Mietvertrag kündige. Dabei zwinkert er aber in die Runde und grinst, um zu zeigen, dass er das nur scherzhaft meint. M, die um den Unmut des F über sie weiß, nimmt das in ihrem Schreck aber nicht wahr und glaubt an eine ernst gemeinte Kündigung des M. Deswegen schaltet sie eine Anzeige in der Zeitung, um eine neue Bleibe zu finden. Davon erfährt F aber nichts. Erst als er von M die Miete verlangt und sie erstaunt ist, weist F sie daraufhin, dass er nur einen Scherz gemacht habe.

Ist die Kündigung wirksam?
Kann M die Inseratskosten von F ersetzt verlangen?

A. Wirksamkeit der Kündigung
I. wirksame Erklärung
a) Unwirksamkeit nach § 117 I (-)
b) Unwirksamkeit nach § 118 (+)
II. Ergebnis: Kündigung unwirksam

B. Anspruch M gegen F auf Schadensersatz in Höhe der Inseratskosten gem. § 122 I
I. Nichtigkeit der Kündigungserklärung
II. Höhe des Schadensersatzes
III. Ausschluss des Anspruchs, § 122 II
IV. Ergebnis: Anspruch (-)

A. Wirksamkeit der Kündigung

Die Kündigungserklärung des F könnte wirksam sein. Eine wirksame Kündigung ist gegeben, wenn eine wirksame Kün-

60

digungserklärung gegeben ist sowie die Einhaltung von Form und Frist vorliegen.[47]

I. Wirksame Erklärung

Zunächst müsste eine wirksame Erklärung vorliegen. Hier hatte F der M dem äußeren Anschein nach gekündigt. Fraglich ist, wie es sich auswirkt, dass er dies tatsächlich gar nicht wollte. Gemäß §§ 133, 157 kommt es bei der Auslegung von Willenserklärungen allein auf den objektiven Empfängerhorizont an, so dass das subjektiv tatsächlich Gewollte des F zunächst einmal keine Rolle spielt.

a) Unwirksamkeit nach § 117 I

Die Erklärung könnte gem. § 117 I nichtig sein. Dazu müssten sich F und M einig gewesen sein, dass die Kündigung nur zum Schein gemeint war. Ein solches **Einvernehmen** liegt aber aufgrund der Verkennung der Situation durch M nicht vor, womit § 117 I ausscheidet.

b) Unwirksamkeit nach § 118

Die Erklärung könnte nach § 118 nichtig sein. Das setzt die mangelnde Ernstlichkeit der Erklärung voraus sowie die Erwartung, dass dieser Mangel auch erkannt wird. Für den Tatbestand des § 118 kommt es nur darauf an, ob der Erklärende davon ausgeht, dass seine Nichternstlichkeit erkannt wird. Keine Rolle spielt dabei, ob dies dann auch tatsächlich der Fall ist.[48] Hier ging F davon aus, dass seine Erklärung als Scherz aufgefasst werde. Man spricht insoweit vom „guten Scherz"; will der Erklärende hingegen bereits vor seiner Äußerung, dass seine Erklärung ernst genommen wird, handelt es sich um einen den Anwendungsbereich des § 116 eröffnenden „bösen Scherz". Im vorliegenden Fall ist die Erklärung also gem. § 118 nichtig.

---

[47] PWW/ *Riecke,* § 573 Rn. 6 f.
[48] Vgl. Brox, Allgemeiner Teil des BGB, Rn. 350.

II. Ergebnis

Da es sich um eine Scherzerklärung handelt, ist die Kündigung gem. § 118 nichtig.

Beachte: Generell ist jede Scherzerklärung im Sinn des „guten Scherzes" nichtig. Eine **Ausnahme** kann sich aber aus **§ 242** ergeben. Denn nach Treu und Glauben kann sich der ohne Täuschungsabsicht handelnde Erklärende nicht darauf berufen, dass er einen Scherz gemacht hat, wenn er erkennt, dass der Empfänger die als Scherz gedachte Erklärung wider Erwarten ernst genommen hat. Ihn trifft dann eine **unverzüglich** zu erfüllende **Aufklärungspflicht** über den Irrtum. Unterlässt der Erklärende die Aufklärung, dann kann er sich nicht mehr auf § 118 berufen, da dies **arglistig** wäre. Es ergibt sich daraus die Wirksamkeit der Scherzerklärung,[49] indem aus dem „guten Scherz" ein nach § 116 zu behandelnder „böser Scherz" wird.[50]

B. Anspruch M gegen F auf Schadensersatz in Höhe der Inseratskosten gem. § 122 I

M könnte gegen F einen Anspruch auf Ersatz der Inseratskosten gem. § 122 I haben.

I. Nichtigkeit der Kündigungserklärung

Zunächst müsste dazu die Kündigung des F nichtig gewesen sein. Das ist hier der Fall, die Erklärung war gem. § 118 nichtig.

II. Höhe des Schadensersatzes

Zu prüfen ist, in welcher Höhe ein Schadensersatzanspruch nach § 122 I besteht. Nach der Vorschrift ist der Schaden zu ersetzen, der dadurch entsteht, dass auf die Wirksamkeit der Erklärung vertraut wird. Damit ist der **Vertrauensschaden** bzw. das **negative Interesse** zu ersetzen. Da M auf die

---

[49] Vgl. Brox, Allgemeiner Teil des BGB, Rn. 353.
[50] Vgl. Medicus, Allgemeiner Teil des BGB, Rn. 604.

62

Wirksamkeit der Kündigung vertraute, inserierte sie in der Zeitung. Die Kosten des Inserats stellen den Schaden dar.

III. Ausschluss des Anspruchs, § 122 II

Der Anspruch dürfte nicht nach § 122 II ausgeschlossen sein. Das wäre der Fall, wenn M die Nichtigkeit der Erklärung des F kannte oder kennen musste. M wusste von der Scherzhaftigkeit der Erklärung nichts. Fraglich ist, ob sie die mangelnde Ernsthaftigkeit kennen musste, also fahrlässig nicht kannte. Nach § 276 II handelt fahrlässig, wer die im Verkehr erforderliche Sorgfalt außer Acht lässt. Hier hätte M aufgrund der Umstände, d.h. der fröhlichen Party, also einer ausgelassenen Umgebung, die mangelnde Ernsthaftigkeit erkennen können. Damit beruhte ihre Unkenntnis auf Fahrlässigkeit.

Hier kann **aber** auch darauf abgestellt werden, dass aufgrund der **Vorgeschichte** M durchaus von einer Ernsthaftigkeit ausgehen konnte, ein **anderes Ergebnis** ist also **vertretbar**. Dies ist nur eine Frage der Argumentation.

Damit liegt ein Ausschlussgrund gem. § 122 II vor.

IV. Ergebnis

M hat keinen Anspruch auf Ersatz der Inseratskosten gem. § 122 I.

Fall 13: Game over?

▶ **Standort:** Offener Dissens

Markus (M) hat in seinem Studienleben eine riesige Sammlung an Computerspielen aller Art angelegt, die 1200 CDs umfasst. Nach seinem erfolgreichen Examen wird ihm ein Job in einer weit entfernt liegenden Stadt angeboten, weswegen er vor dem Umzug die Spiele alle komplett als Sammlung verkaufen möchte. Der Langzeitstudent Louis (L) ist an der Sammlung interessiert. Da er aber nicht alle Spiele vorher testen kann, möchte er einem Kauf nur dann zustimmen, wenn M eine Garantie für die Funktionstüchtigkeit aller CDs abgibt. M möchte im Gegenteil, um mit der Sammlung später keinen Ärger zu haben, eine Haftungserleichterung durchsetzen. In diesem Punkt nähern sich M und L trotz intensiver Verhandlung nicht an. Endlich einigt sich L mit M soweit, dass L alle Spiele für 2207,77 Euro bekommen und gegen eine Anzahlung von 400 Euro sie gleich mitnehmen kann. M wollte dabei wegen der Umzugskosten den Erlös schnell einstreichen und L war ganz wild auf die günstige Gelegenheit. Sie vereinbaren, später wegen der für beide wichtigen Haftung noch eine Vereinbarung zu treffen, wozu es aber nicht kommt. M verlangt von L die restlichen 1807,77 Euro. Zu Recht?

Anspruch M gegen L auf Zahlung von 1807,77 Euro aus Kaufvertrag gem. § 433 II

I. Kaufvertrag
1. Einigung
a) essentialia negotii (+)
b) accidentalia negotii (-)
Auswirkung?
2. Dissens
- § 154 I?
- Anhaltspunkte für Festhalten am Vertrag? Übergabe der Sammlung (+)
II. Ergebnis: § 154 I (-), Anspruch (+)

Anspruch M gegen L auf Zahlung von 1807,77 Euro aus Kaufvertrag gem. § 433 II

M könnte gegen L einen Anspruch auf Zahlung von 1807,77 Euro aus Kaufvertrag gem. § 433 II haben.

I. Kaufvertrag
Dazu müsste zwischen beiden ein Kaufvertrag geschlossen worden sein. Dieser kommt nach Maßgabe der §§ 145 ff. durch Einigung zwischen den Parteien zustande.

1. Einigung
Fraglich ist, inwieweit eine Einigung vorliegt.

a) *essentialia negotii*
Notwendigerweise müssen sich die Vertragsparteien über die *essentialia negotii* (die wesentlichen Punkte des intendierten Vertrages) geeinigt haben. Bei einem Kaufvertrag sind das neben den Vertragspartien auch der Kaufgegenstand und der mit ihm korrespondierende Preis. Hier haben sich M und L über diese Dinge geeinigt.

b) *accidentalia negotii*
Allerdings haben sich die beiden nicht über die vertraglichen Nebenbestimmungen, die sog. *accidentalia negotii*, in diesem Fall über die Mängelgewährleistung, geeinigt. Dieser Punkt wurde bewusst offen gelassen. Nichts anderes ergibt sich durch Auslegung nach §§ 133, 157. Eine Einigung liegt insoweit nicht vor.

2. Dissens
Zu prüfen ist, ob die bewusst nicht komplette Einigung, ein sog. Dissens, das Zustandekommen des Rechtsgeschäfts verhindert.

Fehlt die Einigung über *essentialia negotii* ist schon nach allgemeinen Auslegungsregeln **kein Vertrag** zustande gekommen (**Totaldissens**).

> Bezieht sich die Nichteinigung nur auf *accidentalia negotii*, dann ist nach § 154 I der Vertrag **im Zweifel** (aber eben nur, sofern solche bestehen!) **nicht geschlossen** worden.

Hier betrifft die Nichteinigung die Haftung für Mängel, also nur Nebenpunkte des Vertrages. Deswegen ist im Zweifel der Vertrag nach § 154 I nicht geschlossen worden.

Jedoch stellt der § 154 nur eine widerlegliche, gesetzliche Vermutung dar. Wollen die Parteien also tatsächlich, trotz des offenen Punktes, an der Einigung festhalten, ist die Norm nicht anzuwenden.[51]

Solch ein Wille zum Festhalten am Vertrag ist unter anderem dann durch wertende Auslegung (§§ 133, 157) als gegeben anzusehen, wenn beide einverständlich mit der Durchführung des noch unvollständigen Vertrags begonnen haben.[52]

Sowohl M als auch L haben mit der Durchführung des Vertrages begonnen, indem M die CDs dem L aushändigte und dieser einen Teil des Kaufpreises zahlte. Daraus ist ein entsprechender Wille deutlich zu schließen. Der Wille, trotz fehlender Einigung über die Nebenabrede am Vertrag festhalten zu wollen, ist hier demnach gegeben.

Der Vertrag ist damit zustande gekommen.

II. Ergebnis
M hat gegen L einen Anspruch auf Zahlung von 1807,77 Euro aus Kaufvertrag gem. § 433 II.

---

[51] Vgl. BGHZ 41, 275 ff.; Leipold, BGB I, Rn. 492.
[52] Vgl. BGH, NJW 1983, 1728; PWW/ *Brinkmann,* § 154 Rn. 4.

Fall 14: Kronstreitigkeiten

▶ **Standort:** Versteckter Dissens

Ronny Räubersohn (R) importiert u.a. schwer erhältliche Bücher aus Skandinavien. Im Katalog des R entdeckt Inger Ison (I), die eine Doktorarbeit über Astrid Lindgren schreibt, das ihr unbekannte Werk „Lindgren!". Sie ruft R an und sie vereinbaren, dass I das Buch für 100 Euro kauft. R weist I darauf hin, dass, da das Werk aus Skandinavien geschickt wird, der Versand dann 100 Kronen kosten wird. I willigt darin ein. Als I die Rechnung erhält, ist sie empört. Sie war davon ausgegangen, dass das Buch aus Schweden, Lindgrens Heimat, verschickt werden würde und so schwedische Kronen für den Versand berechnet würden. Doch weil das Buch aus Dänemark kam, wurden dänische Kronen berechnet, was die Versandkosten ein wenig höher macht als I annahm. Aus Prinzip möchte I nicht zahlen. Kann R den Kaufpreis plus 13,40 Euro (= 100 dänische Kronen) verlangen?

Anspruch R gegen I auf Zahlung von 113,40 Euro aus Kaufvertrag gem. § 433 II
I. Kaufvertrag
1. Einigung
- Auslegung, §§ 133,157
2. Dissens
- versteckter Dissens, § 155
II. Ergebnis: Anspruch (+)

Anspruch R gegen I auf Zahlung von 113,40 Euro aus Kaufvertrag gem. § 433 II

R könnte gegen I einen Anspruch auf Zahlung von 113,40 Euro aus Kaufvertrag gem. § 433 II haben.

I. Kaufvertrag

Dazu müsste zwischen beiden ein Kaufvertrag geschlossen worden sein. Dieser kommt durch Einigung, also durch zwei übereinstimmende und mit Bezug aufeinander abgegebene Willenserklärungen zustande.

1. Einigung

Fraglich ist, inwieweit eine Einigung vorliegt. Zwar haben sich I und R über den Kaufgegenstand und den Preis dafür geeinigt, doch könnte es an übereinstimmenden Willenserklärungen hinsichtlich der Versandkosten fehlen. Hier ist durch **Auslegung** zu ermitteln, ob eine Einigung fehlt.

Dabei ist auf den objektiven Empfängerhorizont abzustellen und sowohl Treu und Glauben als auch die Verkehrssitte zu beachten, §§ **133, 157**. Zu prüfen ist also, wie R die Willenserklärung der I, sie zahle die 100 Kronen für den Versand, verstehen konnte.

Entscheidend dabei ist aufgrund der Verobjektivierung des Empfängerhorizontes nicht das Verständnis gerade des R, sondern die **Umstände der Erklärung.** Da hier nur von Kronen die Rede war und es sich nicht aus den Umständen ergab, dass es aus Schweden oder Dänemark versendet werden würde, bleiben trotz Auslegung Zweifel über die zugrunde zulegende Währung, also ob hier dänische oder schwedische Kronen vereinbart wurden. Hier liegt eine objektiv mehrdeutige Erklärung der I vor. Folglich besteht keine vollständige Einigung.

2. Dissens

Zu prüfen ist, ob die unvollständige Einigung dem Zustandekommen des Kaufvertrags entgegensteht. Fraglich ist, ob die **Versandkosten zu den *essentialia negotii*** gehören und damit zu den wesentlichen Bestandteilen des Vertrages, oder ob es sich dabei um eine **Nebenbestimmung** handelt.

Fehlt es an einer Einigung über die *essentialia negotii*, so ist kein Vertrag zustande gekommen. Fehlt es aber an einer Einigung über eine Nebenbestimmung, dann ist ein Dissens anzunehmen.

Hier wurden sowohl Vertragsparteien und Kaufgegenstand als auch der Kaufpreis bestimmt. Die Höhe der Versandkosten betrifft dagegen **keinen wesentlichen Teil des Vertrages**. Folglich liegt hier ein Dissens vor.

Zu prüfen ist, ob es sich um einen **offenen Dissens, § 154**, oder um einen **versteckten Dissens, § 155**, handelt. Hier glaubten I und R irrtümlich, dass sie sich über die Höhe der Versandkosten geeinigt hätten. Wie sich für beide erst bei der tatsächlichen Erfüllung des Vertrages herausstellte, war dies aber nicht gegeben. Damit liegt ein versteckter Dissens vor.

Versteckter Dissens: Liegt eine unbewusst unvollständige Einigung vor, d.h. glauben die Parteien irrtümlich, sie hätten sich geeinigt, so gilt gem. § 155 das Vereinbarte, wenn anzunehmen ist, dass der Vertrag auch ohne den offenen Punkt geschlossen worden wäre.

Hier wollte I eben dieses Werk haben. Sie hat sogar darauf verzichtet, konkreter nach dem Wechselkurs zu fragen und damit die Höhe näher zu beziffern. Zudem spricht die geringe Differenz zwischen den beiden umgerechneten Kosten gegen die Annahme, dass ein Vertrag nicht zustande gekommen sein soll. Gegenteilige Anhaltspunkte liegen auch nicht vor. Deswegen ist davon auszugehen, dass der Vertrag zustande gekommen ist.

II. Ergebnis
R hat gegen I einen Anspruch auf 113,40 Euro aus Kaufvertrag gem. § 433 II.

Fall 15: Bürgen soll man würgen

▸ **Standort:** Formvorschriften und Ausnahmen

Astrid Aushelferin (A) möchte ihrer Freundin Petra Prasser (P) helfen und schreibt deren Gläubiger Gisbert (G) eine Email an dessen Geschäftsadresse, in der sie sich für die Schuld der P bei G in Höhe von 20000 Euro verbürgt. G antwortet, dass er dies Angebot annimmt. Als P nicht zahlen kann, wendet sich G an A. Mit Erfolg?

Abwandlung: Als Dank für ihre Hilfe verspricht P der A vor der Bürgschaftserklärung ein ererbtes Grundstück. Das Verlangen der A nach notarieller Beurkundung lehnt P mit Hinweis auf ihr Wort als langjährige Freundin ab. Als A Übereignung verlangt, weigert sich P dem nachzukommen mit der Begründung, der Vertrag sei nichtig. Mit Recht?

Anspruch G gegen A auf Zahlung von 20000 Euro aus Bürgschaftsvertrag gem. § 765 I
I. Bürgschaftsvertrag
1. Einigung (+)
2. Formwirksamkeit, § 766
a) Schriftform nach § 126 I (-)
b) Elektronische Form
c) Heilung, § 766 S. 3 (-)
II. Ergebnis: Anspruch (-)

Abwandlung: Wirksamkeit des Vertrags
I. Formeinhaltung
1. notarielle Beurkundung, § 311b I 1 (-)
2. Heilung, § 311b I 2 (-)
3. Anwendung des § 242
II. Ergebnis: Vertrag nichtig

Anspruch G gegen A auf Zahlung von 20000 Euro aus Bürgschaftsvertrag gem. § 765 I

G könnte gegen A einen Anspruch auf Zahlung von 20000 Euro aus Bürgschaftsvertrag gem. § 765 I haben.

I. Bürgschaftsvertrag

Dazu müsste ein wirksamer Bürgschaftsvertrag geschlossen worden sein.

1. Einigung

Zunächst müssten sich A und G entsprechend geeinigt haben. A und G haben sich darüber geeinigt, dass A im Falle der Nichterfüllung der Schuld von 20000 Euro durch P diesen Betrag an G zahlt.

Hinweise darauf, dass A und G sich über einen Garantievertrag oder einen Schuldbeitritt geeinigt haben, sind nicht ersichtlich.

2. Formwirksamkeit, § 766

Die Bürgschaftserklärung bedarf gem. § 766 S. 1 der Schriftform. Fraglich ist, ob diese mit einer Email eingehalten worden ist.

a) Schriftform nach § 126 I

Nach § 126 I Alt. 1 bedarf es zur Einhaltung der Schriftform einer Urkunde, die vom Aussteller eigenhändig unterschrieben worden ist. Eine Urkunde liegt mit der Email ohne qualifizierte elektronische Signatur aber nicht vor. Danach ist die Form nicht eingehalten worden.

b) Elektronische Form

Die Formvorschrift könnte durch Verwendung der elektronischen Form nach § 126 III i.V.m. § 126 a eingehalten worden sein.

Nach § 126 III darf die elektronische Form allerdings nicht ausgeschlossen sein. Nach § 766 S. 2 ist die elektronische Form bei Bürgschaftserklärungen aber gerade ausgeschlossen. Damit verstößt die in bloßer Textform abgefasste Erklärung der A gegen die Formvorschrift des § 766 S. 1, sie ist damit nicht wirksam.

c) Heilung nach § 766 S. 3
Es könnte aber der Formmangel durch Erfüllung der Hauptverbindlichkeit geheilt worden sein. Das wäre der Fall, wenn A die Schuld der P an G beglichen hätte. Dies ist aber nicht geschehen. Damit scheidet auch eine Heilung nach § 766 S. 3 aus.

II. Ergebnis
G hat keinen Anspruch gegen A auf Zahlung von 20000 Euro aus Bürgschaftsvertrag gem. § 765 I.

Abwandlung: Wirksamkeit des Vertrags

Der Vertrag im Sinn des § 311 I ist wirksam, wenn eine Einigung zwischen P und A vorliegt und die ggf. erforderlichen Formvorschriften eingehalten wurden. Eine Einigung liegt laut Sachverhalt vor.

I. Formeinhaltung
Fraglich ist, ob die gesetzlich vorgeschriebene Form eingehalten worden ist.

1. Notarielle Beurkundung gem. § 311b I 1
Ein Vertrag, nach dem sich eine Partei verpflichtet, das Eigentum an einem Grundstück zu übertragen, bedarf der notariellen Beurkundung gem. § 311b I 1. Hier entfiel die Beurkundung, die Form wurde folglich nicht eingehalten.

2. Heilung nach § 311b I 2
Der Vertrag könnte aber wirksam sein, wenn die Auflassung und Eintragung ins Grundbuch erfolgt ist, § 311b I 2. Dies ist allerdings auch nicht geschehen. Damit ist der Vertrag nach § 125 S. 1 nichtig.

3. Anwendung des § 242
Fraglich ist, ob der Grundsatz des § 125, bei Verstößen gegen die Formvorschriften den Vertrag als nichtig zu betrachten, hier aus Gründen der Billigkeit nach Treu und Glauben, § 242, **durchbrochen** werden kann.

Zur zulässigen Anwendung des § 242 als Korrekturvorschrift muss es sich um einen **Ausnahmefall** handeln, bei dem das Ergebnis bei Anwendung des an sich zu beachtenden Rechts **schlicht untragbar** wäre. Eine Härte allein für eine Partei reicht dabei nicht aus.[53]

Fraglich ist, ob in der vorliegenden Fallkonstellation § 242 anzuwenden ist.

Die Schutzwürdigkeit des durch den Formmangel Geschädigten fehlt, wenn beide Parteien den Formmangel kannten, selbst dann, wenn eine besondere Erfüllungszusicherung gegeben worden ist.[54]

Hier haben sowohl P als auch A selbst von der Formbedürftigkeit gewusst. Dass A wegen des Wortes ihrer „Freundin" auf die Beurkundung verzichtet hat, spielt dabei keine Rolle. Damit fehlt es an der Schutzbedürftigkeit der A. Der Vertrag ist damit nichtig, § 242 ist nicht anzuwenden.

II. Ergebnis
Der Vertrag zwischen A und P ist wegen Formmangels nichtig.

Beachte: Bei der Anwendung des § 242 in Fällen der Überwindung der Formnichtigkeit kommt es stets auf die Kenntnis der beteiligten Parteien an. Führt eine **arglistige Täuschung** zum Verstoß gegen die Formvorschrift, kann der Grundsatz des § 125 durchbrochen und so die Gültigkeit des Vertrages herbeigeführt werden, weil der Getäuschte dann schutzwürdig ist.[55] Beruht der Verstoß auf **fahrlässiger Unkenntnis** beider Parteien, ist der Vertrag nichtig.[56] Im letztgenannten Fall kann allerdings ein Schadensersatzanspruch nach den Grundsätzen der c.i.c. bestehen.

---

[53] Vgl. PWW/ *Schmidt-Kessel*, § 242 Rn. 20.
[54] Vgl. Brox, Allgemeiner Teil des BGB, Rn. 267.
[55] BGH, DnotZ 1973, 19.
[56] Vgl. Brox, Allgemeiner Teil des BGB, Rn. 268 f.

Fall 16: Schall und Rauch

▸ **Standort:** Verbotsgesetze

Dietmar Dämlack (D) ist Opfer eines Scherzes geworden. Man hat ihm einen Beutel Marihuana geschenkt, das D also solches nicht erkannt hat. Er ist ihm als Spezialtabak angepriesen worden. Da sich D nach einer Probe sehr unwohl fühlt, will er den Beutel verkaufen. Er bietet ihn seiner Nachbarin Nicole Nixgut (N) an, die den Inhalt richtig erkennt. N kauft den Beutel für 20 Euro. Als D später den Kaufpreis verlangt, lehnt N schallend lachend ab. Muss N zahlen?

Abwandlung: D ist wegen N frustriert und möchte sich betrinken. Leider haben die Supermärkte schon geschlossen, doch erwischt er die ihm bekannte Verkäuferin Vroni (V), als diese gerade den Laden verlassen will. D überredet V, ihm einen Bierkasten für 10 Euro zu verkaufen. V holt daraufhin einen solchen Kasten aus dem Getränkelager ihres Supermarktes und übergibt ihn dem D. Kann V von D Zahlung verlangen?

Anspruch D gegen N auf Zahlung von 20 Euro aus Kaufvertrag gem. § 433 II
I. Kaufvertrag
1. Einigung (+)
2. Verstoß gegen ein Gesetz, § 134
- hier BtMG (+)
II. Ergebnis: Anspruch (-)

Abwandlung: Anspruch V gegen D auf Zahlung von 10 Euro aus Kaufvertrag gem. § 433 II
I. Kaufvertrag
II. Kein Verstoß gegen ein Gesetz, § 134
- Ladenschlussgesetz?
III. Ergebnis: Anspruch (+)

Anspruch D gegen N auf Zahlung von 20 Euro aus Kaufvertrag gem. § 433 II

D könnte gegen N einen Anspruch auf Zahlung von 20 Euro aus Kaufvertrag gem. § 433 II haben.

I. Kaufvertrag

Dazu müsste zwischen den beiden ein gültiger Kaufvertrag geschlossen worden sein. Dieser kommt durch Einigung, also zwei übereinstimmende Willenserklärungen zustande.

1. Einigung

D und N müssten sich über die *essentialia negotii* geeinigt haben. Sie einigten sich auf einen Preis von 20 Euro. Fraglich ist, ob auch eine Einigung hinsichtlich des Kaufgegenstandes vorliegt, denn D ging davon aus, dass der Beutel Tabak enthielte, während N wusste, dass es sich um Cannabis handelte. Die verschiedenen Vorstellungen spielen hier aber keine Rolle, denn sie einigten sich darauf, konkret diesen Beutel samt Inhalt zu kaufen bzw. verkaufen. Damit ist auch kein versteckter Dissens gegeben. Eine Einigung liegt damit vor.

2. Verstoß gegen ein Verbotsgesetz, § 134

Der Vertrag ist aber nicht wirksam zustande gekommen, wenn er gegen ein Verbotsgesetz verstoßen würde, § 134. In Betracht kommt hier das Betäubungsmittelgesetz (BtMG). Danach ist der Handel mit Drogen verboten. Das BtMG müsste ein Verbotsgesetz i.S.d. § 134 sein.

> Ein **Verbotsgesetz** liegt vor, wenn eine **Rechtsnorm** i.S.d. Art. 2 EGBGB (neben formellen Gesetzen auch Rechtsverordnungen, autonome Satzungen, EG-Vorschriften und Gewohnheitsrecht) ein Rechtsgeschäft wegen des **Inhalts** oder der **angestrebten Rechtsfolge untersagt**. Das Verbot muss **im Sinn des Gesetzes** liegen und nicht zwangsläufig direkt im Wortlaut ausgesprochen worden sein.[57]

Das BtMG soll verhindern, dass Rauschgift in den Verkehr gebracht wird. Damit verstößt der Verkauf von Marihuana gegen das BtMG, konkret gegen § 29 BtMG. Im zivilrechtlichen Kontext ist dabei unerheblich, ob der Täter mangels ei-

---

[57] Vgl. Brox, Allgemeiner Teil des BGB, Rn. 275.

nes Vorsatzes (vgl. § 15 StGB) straffrei bleibt; entscheidend ist insofern nur der objektive Verstoß gegen das jeweilige Verbotsgesetz. Es wendet sich hier gegen den Inhalt des Kaufvertrages. Es ist somit ein Verbotsgesetz i.s.d. § 134.

Zwischen N und D besteht damit kein wirksamer Vertrag.

II. Ergebnis

D hat keinen Anspruch gegen N auf Zahlung von 20 Euro aus Kaufvertrag gem. § 433 II.

Abwandlung: Anspruch V gegen D auf Zahlung von 10 Euro aus Kaufvertrag gem. § 433 II

V könnte gegen D einen Anspruch auf Zahlung von 10 Euro aus Kaufvertrag gem. § 433 II haben.

I. Kaufvertrag

Dazu müsste zunächst ein Kaufvertrag vorliegen. Das ist laut Sachverhalt der Fall.

II. Kein Verstoß gegen ein Gesetz, § 134

Der Kaufvertrag dürfte auch nicht gegen ein Verbotsgesetz verstoßen. In Betracht käme hier das Ladenschlussgesetz. Dieses müsste ein Verbotsgesetz i.s.d. § 134 sein.

Verbotsgesetze, die nicht gegen den Inhalt, sondern nur gegen die **äußeren Umstände** der Vornahme eines Rechtsgeschäfts (**Personenkreis, Ort, Zeit**) gewendet sind, wollen den **Erfolg** des Geschäfts **nicht verbieten**. Ein Verstoß gegen ein solches Gesetz führt also in der Regel nicht zur Nichtigkeit.[58]

Das Ladenschlussgesetz soll nicht verhindern, dass überhaupt Waren verkauft werden, sondern richtet sich nur gegen den Verkauf nach einer bestimmten Uhrzeit, um Arbeit-

---

[58] Vgl. Petersen, JURA 2003, 533.

nehmer zu schützen. Es stellt daher kein Verbotsgesetz i.S.d. § 134 dar. Der Kaufvertrag ist damit nicht unwirksam.

III. Ergebnis

V hat gegen D einen Anspruch auf Zahlung von 10 Euro aus Kaufvertrag gem. § 433 II.

Fall 17: Treu und Glaube

▸ **Standort:** Sittenwidrigkeit

> Theobald Treu (T) will seine Gattin vergiften. Er geht deswegen in den Laden seines Freundes Gisbert Glaube (G) und möchte eine Flasche des für den Mord geeigneten Pflanzenschutzmittels „Supergrün" für 15 Euro kaufen. Er erzählt dem G von seinem Plan, was diesen nicht weiter stört. Er hat die Ehefrau eigentlich nie gemocht. Nachdem sie sich geeinigt haben, hat G plötzlich doch Gewissensbisse. G weigert sich, das Mittel dem T zu geben. Zu Recht?

Anspruch T gegen G auf Übereignung der Flasche aus Kaufvertrag gem. § 433 I 1
I. Kaufvertrag
1. Einigung (+)
2. Verstoß gegen die guten Sitten, § 138 I
a) gute Sitten
b) Sittenwidrigkeit beider Parteien
c) Zeitpunkt der Sittenwidrigkeit
II. Ergebnis: Anspruch (-)

Anspruch T gegen G auf Übereignung der Flasche aus Kaufvertrag gem. § 433 I 1

T könnte gegen G einen Anspruch auf Übereignung der Flasche mit dem Gift aus Kaufvertrag gem. § 433 I 1 haben.

I. Kaufvertrag

Dazu müsste ein gültiger Kaufvertrag bestehen. Dieser kommt durch Einigung zwischen den Parteien zustande.

1. Einigung

T und G müssten sich geeinigt haben. Das ist hier der Fall.

2. Verstoß gegen die guten Sitten, § 138 I

Der Vertrag wäre aber nicht wirksam zustande gekommen, wenn er gegen die guten Sitten verstoßen würde.

a) Gute Sitten

Ein Sittenverstoß müsste **objektiv** vorliegen. Dazu muss zunächst bestimmt werden, was die guten Sitten i.S.d. § 138 I sind.

Der Begriff der guten Sitten ist stets **ausfüllungsbedürftig.** Es ist bei der Auslegung objektiv an die **bestehende Sozial-moral** anzuknüpfen. Es kommt dabei auf das Rechts- und Anstandsgefühl des „**billig und gerecht denkenden Durchschnittsmenschen**" an, das im Zweifel durch eine **Interessenabwägung** zu ermitteln ist.[59]

Die Absicht, mit dem Kauf des Giftes einen Mord zu ermöglichen, verstößt schon wegen der Bedeutung des Grundrechtes auf Leben (Art. 2 GG) klar gegen die guten Sitten. Eine Sittenwidrigkeit liegt damit objektiv vor.

Die Sittenwidrigkeit müsste aber auch **subjektiv** erkannt werden. Das ist der Fall, wenn der Handelnde die **Umstände kennt**, aus denen sich dies ergibt. Erforderlich ist aber **nicht**, dass der Handelnde sein **Tun für sittenwidrig** hält.[60]

Hier kennt die T die Umstände, aus denen sich die Sittenwidrigkeit ergibt, da er die Tat ja ausführen will. Auch G weiß um diese Umstände, da T ihm davon erzählt hat. Die subjektiven Voraussetzungen liegen damit vor.

b) Sittenwidrigkeit beider Parteien

Erforderlich ist, dass **beide** Vertragsparteien sittenwidrig handeln. Dies ist nach den Ausführungen der Fall.

---

[59] Vgl. Schreiber, JURA 2007, 26.
[60] Vgl. Brox, Allgemeiner Teil des BGB, Rn. 284.

> **Ein einseitiger** Sittenverstoß führt regelmäßig **nicht zur Nichtigkeit.** Nur wenn die Sittenwidrigkeit gerade in dem Verhalten **gegenüber der anderen Vertragspartei** zum Ausdruck kommt, führt dies ausnahmsweise zur Nichtigkeit nach § 138 I.[61]

c) Zeitpunkt der Sittenwidrigkeit
Die Sittenwidrigkeit muss regelmäßig bei Abschluss des Geschäftes vorliegen.[62] Dies ist laut Sachverhalt der Fall.

Damit verstößt der Kaufvertrag gegen die guten Sitten und ist nach § 138 I nichtig.

II. Ergebnis
T hat keinen Anspruch gegen G auf Übereignung der Flasche aus Kaufvertrag gem. § 433 I 1.

> **Hinweis für Klausuren:** Zur Bestimmung von Sittenverstössen haben sich - nicht abschließend - **folgende Fallgruppen** gebildet:
> - Sittenwidrigkeit wegen **Inhalts des Vertrags**
> - Machtmissbrauch wegen übermäßiger Ausnutzung einer **Monopolstellung**
> - **Übermäßige Sicherung** eines Gläubigers
> - **Ehe- oder familienbezogene** Verträge
> - **Wucherähnliches Missverhältnis** zwischen Leistung und Gegenleistung
> - Herbeiführung einer **Überschuldung** mitteloser Personen.
>
> Die Nichtigkeit nach § 138 betrifft nur das **Verpflichtungsgeschäft**, es sei denn, dass auch die Güterverschiebung missbilligt ist. Bei einseitigen Verstößen kommt auch ein Anspruch des sich legitim verhaltenden Teils nach § 826 in Betracht.[63]

---

[61] Vgl. PWW/ *Ahrens*, § 138 Rn. 30 f.
[62] Vgl. BGHZ 120, 276; Brox, Allgemeiner Teil des BGB, Rn. 286.
[63] Vgl. Skript Basiswissen BGB AT, S. 91.

Fall 18: Elite

▶ **Standort:** Geschäftsunfähigkeit, Vollrausch

Albert (A) und Georg August (G) lehren beide an der Uni. Nach einer Evaluation gewinnt G den angesehenen und begehrten Preis „Elite", während A miserable Noten bekommt. A betrinkt sich in der Mittagspause und erreicht schnell einen Blutalkoholwert von 3,3 Promille. Derart betrunken, trifft er G, dem er seine teure Aktentasche für lächerliche fünf Euro anbietet. G, der das gute Stück immer bewundert hat, willigt ein. Sie vereinbaren, dass G die Tasche am nächsten Tag im Büro des A abholen soll. Schließlich läuft der schwankende A dem Rektor der Uni in die Arme, der A ohnehin feuern und ihm die Kündigung persönlich bringen wollte. Der Rektor gibt A die rechtmäßige Kündigung. Kann G von A die Tasche verlangen? Ist die Kündigung wirksam?

**A. Anspruch G gegen A auf Übereignung der Aktentasche gem. §
433 I 1**
I. Kaufvertrag
1. Geschäftsunfähigkeit, § 104 Nr. 2 (-)
2. Nichtigkeit der WE nach § 105 II (+)
a) Bewusstlosigkeit
b) vorübergehende Störung der Geistestätigkeit
II. Ergebnis: Anspruch (-)

B. Wirksamkeit der Kündigung
Wirksamer Zugang bei Volltrunkenen
- Anwendbarkeit des § 131 I? nicht § 105 II, damit Zugang (+)
Ergebnis: Zugang (+), damit Kündigung wirksam

A. Anspruch G gegen A auf Übereignung und Übergabe der Aktentasche gem. § 433 I 1

G könnte gegen A einen Anspruch auf Übereignung der Aktentasche aus Kaufvertrag gem. § 433 I 1 haben.

I. Kaufvertrag
Es müsste ein Kaufvertrag zwischen den beiden vorliegen.

Ein solcher kommt durch zwei übereinstimmende Willenserklärungen zustande, nämlich Angebot und Annahme. Zunächst müsste ein Angebot des vorliegen. Hier hat A dem G
seine Tasche für 5 Euro zum Kauf angeboten. In dieser Erklärung sind die *essentialia negotii* enthalten. Allerdings
könnte das Angebot nichtig sein.

1. Geschäftsunfähigkeit, § 104 Nr. 2

Das Angebot könnte gem. § 104 Nr. 2 nichtig sein. Dazu
müsste A die Geschäftsfähigkeit fehlen, d.h. die Fähigkeit,
Willenserklärungen wirksam abzugeben und entgegenzu-
nehmen und damit am Rechtsverkehr teilzunehmen. A könnte sich bei Abgabe des Angebots in einem die freie Willensbildung **ausschließenden Zustand** befunden haben. Hier
hatte der A 2,1 Promille Blutalkohol, als er das Angebot ab-
gab. Damit befand er sich in einem Zustand **krankhafter
Störung** der Geistestätigkeit, was eine freie Willensbildung
ausschließt. Allerdings müsste der Zustand auch **dauerhaft**
(wenn auch nicht unbedingt unheilbar) gewesen sein. Davon
ist hier nicht auszugehen, da Volltrunkenheit ihrer Natur
nach nur eine vorübergehende Störung darstellt.[64] Eine
Nichtigkeit nach § 104 Nr. 2 ist damit nicht gegeben.

2. Nichtigkeit der Willenserklärung nach § 105 II

Das Angebot könnte aber nach § 105 II nicht sein. Dazu
müsste es in einem Zustand der Bewusstlosigkeit oder vor-
übergehender Störung der Geistestätigkeit abgegeben worden sein.

a) Bewusstlosigkeit

Bewusstlosigkeit i.S.d. § 105 liegt vor, wenn eine solche Be-
wusstseinstrübung gegeben ist, welche die **Erkenntnis** von
Inhalt und Wesen der abgegeben Willenserklärung **ausschließt.** Insbesondere ist Bewusstlosigkeit auch bei Volltrunkenheit anzunehmen, die regelmäßig mit einem Blutal-

---

[64] Vgl. PWW/ *Völzmann-Stickelbrock*, § 104 Rn. 5.

koholwert von **3 Promille** vorliegt.[65] Hier hat A einen Blutalkoholwert von 2,1 Promille, so dass Bewusstlosigkeit nicht
anzunehmen ist.

Beachte: Nicht gemeint ist das **völlige Fehlen** des Bewusstseins, zumal dann schon tatbestandlich eine Willenserklärung mangels Handlungswillen nicht vorliegen kann.

b) Vorübergehende Störung der Geistestätigkeit
Es könnte bei A im Zeitpunkt der Abgabe des Angebots eine
vorübergehende Störung der Geistestätigkeit vorgelegen haben. Dazu müsste vorübergehend die freie Willensbildung
des A ausgeschlossen gewesen sein. Dies wurde bereits
bejaht. Damit ist der Tatbestand des § 105 II erfüllt, die Willenserklärung folglich damit nichtig. Somit besteht zwischen
G und A kein Kaufvertrag

II. Ergebnis
G hat keinen Anspruch gegen A auf Übereignung und Übergabe der Tasche aus Kaufvertrag gem. § 433 I 1.

B. Wirksamkeit der Kündigung

Zu prüfen ist, ob die Kündigung des A wirksam ist.

Hier stellt sich das Problem, ob die Kündigung wirksam **zugegangen** ist, da A volltrunken war.
Nach § 131 I geht bei Geschäftsunfähigen eine Willenserklärung erst mit Zugang bei deren gesetzlichen Vertreter
zu. Allerdings bezieht sich § 131 I **gerade nicht die Fälle
des § 105 II**, sondern eben nur auf Geschäftsunfähige.
Da A aber vorliegend nur vorübergehend zur Abgabe (!) von
wirksamen Willenserklärungen außer Stande war, ist § 131 I
nicht einschlägig.

Damit ist die Kündigung wirksam dem A zugegangen.

---

[65] Vgl. PWW/ *Völzmann-Stickelbrock*, § 105 Rn. 4.

Fall 19: Der Album-Fall

▸ **Standort:** Neutrale Geschäfte bei Minderjährigen

Der 15-jährige Kurt Kind (K) hat sich ein Briefmarkenalbum seines Bruders Anders (A) geliehen, um vor seinen Schulfreunden damit anzugeben. Dabei behauptet er, es sei sein Album. Als ihm der gleichaltrige Petrosil Postwertzeichen (P) anbietet, die Briefmarken gegen zwei Alben mit Fußballsammelbildern zu tauschen, willigt K begeistert ein und die Gegenstände wechseln den Besitzer. Kann A von P erfolgreich nach § 985 das Album herausverlangen?

Anspruch A gegen P auf Herausgabe des Albums nach § 985
I. Eigentum des A
- Verlust des Eigentums an P?
- Gutgläubiger Erwerb
- §§ 929 S. 1, 932 I S. 1
1. Einigungserklärung P (+)
- lediglich rechtlich vorteilhaft
2. Einigungserklärung K (+)
- rechtlich neutral, str.: h.M. (+)
3. Gutgläubigkeit des P (+)
4. Abhandenkommen des Albums (-)
II. Ergebnis: Anspruch (-)

Anspruch A gegen P auf Herausgabe des Albums nach § 985

A könnte gegen P einen Anspruch auf Herausgabe des Albums gem. § 985 haben.

I. Eigentum des A

Dazu müsste A Eigentümer des Albums sein. Dies war er auch ursprünglich. Er könnte das Eigentum aber verloren haben. In Betracht käme der Verlust des Eigentums an P durch einen gutgläubigen Erwerb, §§ 929 S. 1, 932. Dazu müsste zunächst eine Übergabe des Gegenstandes stattgefunden haben. Dies ist hier mit dem Tausch geschehen. Zudem müsste eine Einigung, also zwei übereinstimmende Willenserklärungen, über den Eigentumsübergang vorliegen.

1. Einigungserklärung des P

Es müsste eine wirksame Einigungserklärung des P vorliegen. Er könnte durch die Erklärung einen lediglich rechtlichen Vorteil erlangt haben. Darunter versteht man solche Zuwendungen oder Rechtsgeschäfte, die die Rechtsstellung des beschränkt Geschäftsfähigen ausschließlich verbessern. Da der Eigentumserwerb **lediglich rechtlich vorteilhaft** für P ist, bedarf es zur Wirksamkeit nicht der Zustimmung seiner gesetzlichen Vertreter, § 107. Somit liegt eine wirksame (dingliche) Einigungserklärung des P vor.

2. Einigungserklärung des K

Es müsste auch eine wirksame Erklärung des K vorliegen. Eine entsprechende Erklärung des K liegt vor. Fraglich ist jedoch, ob es einer Zustimmung seiner gesetzlichen Vertreter bedarf, damit die Erklärung wirksam wird.

Wäre K der Eigentümer gewesen, würde er mit der Übereignung das Eigentum verlieren, so dass das Geschäft für ihn rechtlich nachteilhaft wäre. Dann bedürfte es zur Wirksamkeit der Zustimmung seiner gesetzlichen Vertreter. Allerdings handelt K hier als Nichtberechtigter, denn das Album steht im Eigentum seines Bruders. Damit würde K aufgrund der ausschließlichen Wirkung für und gegen den Eigentümer A also weder einen rechtlichen Vorteil noch einen rechtlichen Nachteil erleiden, der **Vorgang ist rechtlich neutral**.

Bringt ein Geschäft einem Minderjährigen rechtlich **weder Vor- noch Nachteil**, so muss er **nicht geschützt** werden, weil die Wirkungen nur einen Dritten treffen. Die Schutzvorschrift in § 107 ist also nicht anzuwenden, so dass eine **Zustimmung** der gesetzlichen Vertreter **nicht notwendig** ist.[66]

---

[66] Vgl. Brox, Allgemeiner Teil des BGB, Rn. 241.

Allerdings besteht auch eine in der Klausur darzustellende **Gegenauffassung**, die der h.M. vorwirft, die Reichweite der **Gutglaubensvorschriften zu überdehnen**, indem der Empfänger der Einigungserklärung (hier P) besser gestellt wird, als er stünde, wenn der Erklärende (hier K) tatsächlich Eigentümer wäre.[67]

Da hier der Nachteil, nämlich der Eigentumsverlust, den A und nicht K trifft, ist folglich eine Zustimmung der gesetzlichen Vertreter nicht notwendig.

Damit liegt eine wirksame dingliche Einigung zwischen P und K vor.

3. Gutgläubigkeit des P
P müsste auch gutgläubig gewesen sein, § 932 I S.1. P dürfte also nicht wissen oder infolge grober Fahrlässigkeit nicht gewusst haben, dass K nicht Eigentümer und damit Berechtigter war, § 932 II. Dafür gibt es im Sachverhalt keine Anhaltspunkte. Der gute Glaube des P liegt vor.

4. Abhandenkommen des Albums
Das Album dürfte auch nicht abhanden gekommen sein, § 935. Die Sache dürfte dem Eigentümer (§ 935 I S. 1) oder seinem Besitzmittler (§ 935 I S. 2) nicht abhanden gekommen sein. Abhanden gekommen ist die Sache, wenn der **unmittelbare Besitzer** seinen Besitz an der Sache ohne seinen Willen verliert.[68]

Da A dem K das Album geliehen hatte, war K unmittelbarer Besitzer und A als Eigentümer nur mittelbarer Besitzer. Damit kommt es bei der Frage nach dem Abhandenkommen nur auf den Willen des K an. K hat das Album dem P allerdings freiwillig gegeben, es ist also nicht nach § 935 I S. 2 abhanden gekommen.

---

[67] Vgl. Medicus, Allgemeiner Teil des BGB, Rn. 568.
[68] Vgl. PWW/ *Prütting*, § 935 Rn. 3.

Fraglich könnte sein, inwiefern der Annahme der Freiwilligkeit der Weggabe es entgegensteht, dass K noch minderjährig ist. Bei der Weggabe kommt es auf den natürlichen Willen an, so dass zu fragen ist, ob dieser schon so ausgeprägt ist, dass der Betreffende nicht besonders zu schützen ist.

Bei beschränkt Geschäftsfähigen wird der natürliche Wille regelmäßig als in beachtlicher Weise vorliegend angesehen.[69] Hier ist mangels entgegenstehender Anhaltspunkte und aufgrund des die 7-Jahres-Schwelle des § 104 Nr. 1 deutlich übersteigenden Alters des K nicht anzunehmen, dass dessen natürlicher Wille nicht hinreichend ausgeprägt war. K handelte folglich freiwillig.

II. Ergebnis
Da A sein Eigentum an P verloren hat, hat er keinen Anspruch aus § 985 gegen P.

Fall 20: Rate(n)spiel

▸ **Standort:** Geschäftsfähigkeit, Einwilligung, Taschengeld

Der 17-jährige Kasimir-Kevin (K) möchte eine Digitalkamera „Knipsi2000" erwerben, was seine Eltern ablehnen. Als K eine Anzeige des Volker (V) in der Zeitung liest, in der V solch einen Apparat für 700 Euro anbietet, verabreden sich K und V. Bei V verhandeln sie über den Preis. K bietet V insgesamt 630 Euro an und schlägt vor, mit monatlichen Raten von jeweils 90 Euro zu zahlen. V willigt ein, als seine Tochter, die K aus der Schule kennt, hereinkommt und V auf die Minderjährigkeit des K aufmerksam macht. V hatte K für volljährig gehalten und möchte mit Minderjährigen kein Geschäft machen. Er sagt dies dem K und schickt ihn nach Hause. Kann K die Kamera von V verlangen?
Abwandlung: V und K haben den Kaufvertrag abgeschlossen und K zahlt die ersten vier Raten. Dann wird K 18 Jahre

---

[69] Vgl. PWW/ *Prütting*, § 935 Rn. 4.

und zahlt noch eine weitere Rate, stellt dann die Zahlungen aber ein. Kann V den restlichen Kaufpreis verlangen?

A. Anspruch K gegen V auf Übereignung der Kamera aus Kaufvertrag gem. § 433 I 1
I. Kaufvertrag
1. Angebot
2. Annahme
a) Wirksamer Zugang, § 107 (-)
b) Wirksamer Zugang, § 110 (-)
3. Widerruf, § 109 (+)
II. Ergebnis: Anspruch (-)

B. Abwandlung: Anspruch V gegen K auf die restlichen Raten aus Kaufvertrag gem. § 433 II
I. Kaufvertrag
- Wirksamkeit des Vertrages
1. Genehmigung der Eltern
2. Vollständige Zahlung, § 110
3. Genehmigung durch K
- durch weitere Ratenzahlung nach dem Geburtstag (-)
II. Ergebnis: Anspruch (-)

A. Anspruch K gegen V auf Übereignung der Kamera aus Kaufvertrag gem. § 433 I 1

K könnte gegen V einen Anspruch auf Übereignung der Kamera aus Kaufvertrag gem. § 433 I 1 haben.

I. Kaufvertrag
Es müsste ein Kaufvertrag geschlossen worden sein. Ein Vertrag kommt durch Angebot und Annahme zustande.

1. Angebot
Zunächst müsste ein Angebot vorliegen. Dies könnte im Inserat des V gesehen werden, doch handelt es sich hierbei mangels Rechtsbindungswillen um eine *invitatio ad offerendum*. Ein Angebot liegt vielmehr in dem Vorschlag des K, die Kamera in Raten für insgesamt 630 Euro zu kaufen.

2. Annahme

V müsste das Angebot auch angenommen haben. Das hat er mit seiner Einwilligung getan. Fraglich ist aber, ob die Annahme dem K auch **wirksam zugegangen** ist. **Gem.** § 131 II wird die gegenüber einem beschränkt Geschäftsfähigen abgegebene Willenserklärung erst dann wirksam, wenn sie seinem **gesetzlichen Vertreter** zugeht. K ist erst 17 Jahre alt und damit beschränkt geschäftsfähig. Die Annahmeerklärung wäre somit erst bei Zugang bei seinen Eltern als gesetzlichen Vertretern wirksam. Dies ist hier allerdings nicht geschehen. Als Folge bestimmt das Gesetz in solchen Fällen die sog. schwebende Unwirksamkeit des Vertrags. Zu prüfen ist also, ob der Vertrag überhaupt wirksam ist.

Ausnahmsweise kann auch eine dem minderjährigen Vertragspartner gegenüber abgegebene Willenserklärung diesem wirksam zugehen.

a) Wirksamer Zugang, § 107

Die Annahme könnte mit Abgabe an K direkt wirksam geworden sein, wenn eine Einwilligung seiner Eltern vorgelegen hat oder aber diese entbehrlich war, weil das Geschäft lediglich rechtlich vorteilhaft ist.

Eine **Einwilligung** ist die **vorherige Zustimmung** (vgl. § 183 S. 1) in Form einer einseitigen, empfangsbedürftigen Willenserklärung, die sowohl dem Minderjährigen als auch dem Geschäftspartner gegenüber (§ 182 I) ausdrücklich oder konkludent erteilt werden kann.[70]

Eine solche lag hier laut Sachverhalt nicht vor, im Gegenteil lehnten die Eltern des K im Vorfeld einen Kamerakauf ab. Die Einwilligung ist aber entbehrlich, wenn das Geschäft lediglich rechtlich vorteilhaft ist, § 107.

---

[70] Vgl. PWW/ *Völzmann-Stickelbrock*, § 107 Rn. 2.

> **Beachte:** Ein Geschäft ist **nicht** schon rechtlich vorteilhaft, wenn bei einer **Gegenüberstellung der Leistungen**, z.B. Warenwert und Kaufpreis, ein Gewinn für den Minderjährigen herausspringt. Demnach kommt es auf einen wirtschaftlichen Vorteil gerade nicht an. Auch wenn eine große Zahl rechtlicher Vorteile nur einem rechtlichen Nachteil gegenübersteht, ist das Geschäft insgesamt zustimmungsbedürftig nach § 107. Ein Geschäft ist nur dann rechtlich von Vorteil, wenn es **keinen einzigen rechtlichen Nachteil**, etwa in Form einer Verbindlichkeit oder einem Rechtsverlust, mit sich bringt.

Laut Vertrag müsste K den Kaufpreis zahlen. Diese Verpflichtung ist für ihn ein rechtlicher Nachteil. Deswegen ist eine Einwilligung nicht entbehrlich.

b) Wirksamer Zugang, § 110

Der Vertrag könnte aber dann wirksam zustande gekommen sein, wenn die Zustimmung nach § 110 entbehrlich gewesen ist. Dazu müsste die **vertragsgemäße Leistung** mit eigenen Mitteln bewirkt worden sein. K müsste den Kaufpreis mit eigenen Mitteln bezahlt haben. Hier wurde **Ratenzahlung** vereinbart. Damit der § 110 seine Wirkung entfaltet, muss die Leistung allerdings vollständig erbracht worden sein i.S.d. § 362 I. Abgesehen davon, dass K noch keinen einzigen Cent bezahlt hat, tritt Erfüllung bei Ratenzahlung erst nach der letzten bezahlten Rate ein. Deswegen ist der Vertrag auch nach § 110 nicht wirksam geschlossen worden.

Es liegt soweit ein schwebend unwirksamer Vertrag vor, § 108 I, der von der Genehmigung der Eltern des K abhängt.

3. Widerruf, § 109

Fraglich ist, ob V seine Annahme widerrufen hat. Dazu müsste der Vertrag noch schwebend unwirksam gewesen sein. Das ist hier der Fall. V hat daher, indem er dem K erklärte, er schließe mit Minderjährigen keine Geschäfte ab, gem. § 109 I widerrufen.

II. Ergebnis

K hat gegen V keinen Anspruch auf Übereignung der Kamera aus Kaufvertrag gem. § 433 I 1.

B. Abwandlung: Anspruch V gegen K auf die restlichen Raten aus Kaufvertrag gem. § 433 II

V könnte gegen K einen Anspruch auf Zahlung der restlichen Raten aus Kaufvertrag gem. § 433 II haben.

I. Kaufvertrag

Zwischen K und V müsste ein wirksamer Kaufvertrag bestehen. Eine Einigung liegt hier vor. Fraglich ist, ob der Vertrag auch wirksam ist, da K bei Vertragsabschluß minderjährig war.

1. Genehmigung der Eltern

Der Vertrag wäre wirksam, wenn die Eltern des K diesen genehmigt hätten, § 108 I. Das ist hier nicht der Fall.

2. Vollständige Zahlung, § 110

Der Vertrag wäre wirksam, wenn K die vertragsgemäße Leistung vollständig erbracht hätte. Dies ist aber nicht der Fall.

3. Genehmigung durch K

Fraglich ist hier, wie es sich auswirkt, dass der K in der Zwischenzeit volljährig und damit unbeschränkt geschäftsfähig geworden ist. Nach § 108 III ist es bei Eintritt der unbeschränkten Geschäftsfähigkeit so, dass schwebend unwirksame Verträge **nicht automatisch wirksam** werden. Vielmehr hat der nunmehr geschäftsfähige Vertragspartner zu entscheiden, ob er den Vertrag genehmigt oder nicht.[71]

K müsste also den Vertrag genehmigt haben. Das hat er zumindest nicht direkt getan. Allerdings könnte in der Zahlung

---

[71] Vgl. PWW/ *Völzmann-Stickelbrock*, § 108 Rn. 6.

einer Rate nach seinem Geburtstag eine solche (konkludente) Genehmigung liegen.

Generell kann bei einer Fortsetzung von vereinbarten Zahlungen davon ausgegangen werden, dass der Volljährige
den Vertrag genehmigt.[72] Hier hat K allerdings nur eine Rate
gezahlt. Insofern kann V noch nicht davon ausgehen, dass
K den Vertrag genehmigt hat. Insbesondere spricht dagegen, dass regelmäßig ein nun unbeschränkter Geschäftsfä-
higer nicht seine Gedanken darauf lenkt, dass ein schwebend unwirksamer Vertrag existiert, den er genehmigen
kann. Es ist lebensnaher anzunehmen, dass er von einer
Wirksamkeit des Vertrages ausgeht. Insoweit ist hier von der
fortgesetzten schwebenden Unwirksamkeit des Vertrages
auszugehen.

V kann damit gem. § 108 II den K auffordern, die Genehmigung zu erteilen.

II. Ergebnis
Da der Vertrag schwebend unwirksam ist, hat V gegen K
keinen Anspruch auf Zahlung der restlichen Raten.

Fall 21: Das Geld ist futsch

▸ **Standort:** Erfüllung an Minderjährige, Surrogatsgeschäfte

Der 17-jährige Tobias Tobsen (T) hat seinem Bekannten
Sandro Schlafmütz (S) 200 Euro als zinsloses Darlehen gegeben. Als dieses fällig wird, zahlt S, der den T für volljährig
hält, ohne Wissen der Eltern des T. Dieser geht mit dem
Geld „auf Piste" und verprasst es an zwei Abenden in verschiedenen Clubs. Die Eltern des T verlangen von S, dass
er nochmals 200 Euro zahlt. S weigert sich mit der Begründung, dass er schon an T gezahlt hat. Zu Recht?

---

[72] Vgl. PWW/ *Völzmann-Stickelbrock*, § 108 Rn. 6.

Abwandlung: T bekommt als Strafe für seine Prasserei von seinen Eltern nur noch 10 Euro Taschengeld im Monat. Er kauft sich davon u.a. ein Tombola-Los und gewinnt 1200 Euro. Davon kauft er sich einen Roller für 700 Euro, um in die tollen Clubs der nahen Großstadt zu kommen. Die Eltern des T sind entsetzt und wollen wissen, ob der Kaufvertrag über den Roller ohne ihre Zustimmung wirksam ist.

Anspruch T gegen S auf Zahlung von 200 Euro gem. § 488 I 2
I. Anspruch entstanden (+)
II. Anspruch untergegangen
- durch Erfüllung?
1. zusätzlicher Vertrag notwendig
2. Theorie der realen Leistungsbewirkung
III. Anspruch durchsetzbar
IV. Ergebnis

Abwandlung: Wirksamkeit des Kaufvertrages
I. Einigung
- schwebende Unwirksamkeit, Anwendung des § 110
II. Ergebnis: Kaufvertrag unwirksam

Anspruch T gegen S auf Zahlung von 200 Euro gem. § 488 I 2

T könnte gegen S einen Anspruch auf Zahlung von 200 Euro aus einem Darlehensvertrag gem. § 488 I 2 haben. Da die Eltern des T dessen gesetzliche Vertreter sind, § 1629, können auch sie den Anspruch geltend machen.

I. Anspruch entstanden
Dazu müsste der Anspruch zunächst entstanden sein. T und S haben laut Sachverhalt einen wirksamen Darlehensvertrag geschlossen, der Anspruch ist folglich entstanden.

II. Anspruch untergegangen
Der Anspruch dürfte nicht untergegangen sein. Fraglich ist, ob der Anspruch durch Erfüllung erloschen ist. Das könnte durch Zahlung der 200 Euro an T geschehen sein.

Gem. § 362 I erlischt ein Schuldverhältnis, wenn der Schuldner die geschuldete Leistung an den Gläubiger bewirkt. Dazu muss nicht nur die **Leistungshandlung** vorliegen, sondern diese muss auch zum **Leistungserfolg** führen. Erst mit Eintritt des Erfolgs beim Gläubiger erlischt das Schuldverhältnis.[73]

Der Leistungserfolg wäre hier bei der Übereignung der geschuldeten 200 Euro eingetreten. Die Übergabe der Summe und eine entsprechende Einigung zwischen den Parteien liegen laut Sachverhalt vor. Da die Übereignung auch **nur rechtlich vorteilhaft** war, bedurfte es zur Wirksamkeit der dinglichen Einigung **nicht der Zustimmung** der Eltern des T, § 107.

Strittig ist, ob zum Eintritt der Erfüllung noch ein besonderer Erfüllungsvertrag notwendig ist oder ob der Eintritt des Leistungserfolges ausreicht.

1. Zusätzlicher Vertrag notwendig

Nach der älteren Vertragstheorie wird neben dem Leistungserfolg ein Erfüllungsvertrag verlangt, d.h. eine Einigung darüber, dass die Leistung als Erfüllung erfolgt.[74] Danach müssten sich T und S entsprechend geeinigt haben. Eine konkludente **Einigung** könnte hier nach dem Sachverhalt angenommen werden. Da allerdings der T durch die Einigung wegen des daraus folgenden **Erlöschens seines Anspruchs** einen **rechtlichen Nachteil** erleiden würde, wäre die Zustimmung seiner Eltern gem. **§ 107 erforderlich**. Da diese S zur erneuten Zahlung aufgefordert haben, ist eine solche Zustimmung hier gerade nicht anzunehmen. Damit fehlt es an einer wirksamen Einigung und die Erfüllung ist nach dieser Ansicht nicht eingetreten.

---

[73] Vgl. Brox/ Walker, Allgemeines Schuldrecht, S. 130.
[74] Vgl. Brox/ Walker, Allgemeines Schuldrecht, S. 131.

2. Theorie der realen Leistungsbewirkung

Die heute überwiegend vertretene Meinung der realen Leistungsbewirkung stellt dagegen **nur** auf die Herbeiführung des **Leistungserfolgs** ab.[75]

Da S den Leistungserfolg herbeigeführt hat, wäre nach dieser Ansicht Erfüllung eingetreten und der Anspruch erloschen.

Die **letzte Ansicht überzeugt** grundsätzlich. Zum einen setzt schon der Wortlaut des § 362 keine zusätzliche Einigung voraus, um die Schuld erlöschen zu lassen. Zum anderen kann aus § 366 I gefolgert werden, dass eine Einigung für die Erfüllung nicht geboten ist. Danach ist grundsätzlich der Theorie der realen Leistungsbewirkung zu folgen.

Würde man aber der Theorie hier folgen, würde K seinen Anspruch gegen S durch Erfüllung verlieren, insofern einen Rechtsverlust und damit einen rechtlichen Nachteil erleiden.

Da den Eltern eines Minderjährigen dessen **Vermögenssorge** obliegt, § 1629 I, müssen sie auch über dessen Vermögensangelegenheiten entscheiden. Dies würde unterlaufen, wenn die Erfüllung einfach durch Leistung an den Minderjährigen eintreten könnte. Generell ist der Gläubiger **Empfangsberechtigter** der Leistung. Bei beschränkt Geschäftsfähigen wird die Empfangsberechtigung allerdings verneint. Hier wird **§ 107 analog** angewendet, so dass Erfüllung erst mit Genehmigung der gesetzlichen Vertreter eintritt oder wenn der Leistungsgegenstand an diese gelangt ist.[76]

Hier hat S an T geleistet. Dieser war nicht empfangsberechtigt. Das Geld ist weder an die Eltern des T gelangt noch haben diese den Empfang der Leistung als Leistung an Erfül-

---

[75] Vgl. Brox/ Walker, Allgemeines Schuldrecht, S. 131.
[76] Vgl. PWW/ *Pfeiffer*, § 362 Rn. 9.

lungs statt genehmigt. Damit ist keine Erfüllung eingetreten, der Anspruch ist damit nicht erloschen.

Da hier auch die Theorie von der realen Leistungsbewirkung zu dem Ergebnis kommt, ist ein Streitentscheid nicht notwendig.

III. Anspruch durchsetzbar

Der Anspruch müsste auch durchsetzbar sein. Der Anspruch ist fällig, Hinderungsgründe sind nicht ersichtlich.

IV. Ergebnis

T hat einen Anspruch gegen S auf Zahlung von 200 Euro aus Darlehensvertrag gem. § 488 I 2.

Abwandlung: Wirksamkeit des Kaufvertrages

Der Kaufvertrag wäre wirksam, wenn eine wirksame Einigung vorläge.

I. Einigung

Eine Einigung liegt laut Sachverhalt vor. Da T durch den Kaufvertrag einen rechtlichen Nachteil erleidet, weil er verpflichtet ist, den Kaufpreis zu zahlen, bedarf es der Zustimmung seiner Eltern. Diese könnte jedoch entbehrlich sein. In Betracht käme hier eine Entbehrlichkeit nach § 110. Danach wäre der Vertrag auch ohne Zustimmung wirksam, wenn T die vertragsgemäße Leistung, also die Kaufpreiszahlung, mit Mitteln bewirkt hat, die ihm von seinen gesetzlichen Vertretern zur freien Verfügung gestellt worden waren.

Mit seinem Taschengeld direkt hat T nur das Los gekauft. Bei dem Lotteriegewinn handelt es sich dagegen um ein sog. Surrogat. Fraglich ist, ob die von § 110 getragene Einwilligung[77], das Los zu erwerben, auch den Roller-Kauf umfasst.

---

[77] Vgl. zum Charakter der Einwilligung nach § 110 Skript Basiswissen BGB AT, S. 67.

> Das zweite Geschäft ist nur dann von der Einwilligung umfasst, wenn sich im Weg der Auslegung ergibt, dass auch das Surrogat als überlassenes Mittel i.S.d. § 110 zu werten ist.[78] Dies ist insbesondere bei Surrogaten zu verneinen, die den Wert der überlassenen Sache erheblich übersteigen oder einem völlig anderen Zweck dienen.

Zu beachten ist, dass § 110 ein spezieller Fall des § 107 ist und die Überlassung von Mitteln eine Einwilligung des gesetzlichen Vertreters nur insoweit darstellt, als es um durch die Überlassung vorgezeichnete Geschäfte geht. Die Annahme wäre lebensfern, dass die Einwilligung des gesetzlichen Vertreters so weit reicht, dass der Minderjährige auch über einen größeren Lotteriegewinn frei verfügen kann. Damit scheidet eine Anwendung des § 110 hier aus.

Somit müssten die Eltern dem schwebend unwirksamen Vertrag zustimmen. Da eine Zustimmung nicht vorliegt, ist der Kaufvertrag nicht wirksam.

II. Ergebnis
Der Kaufvertrag über den Roller ist nicht wirksam. Die Eltern könnten mit Verweigerung der Genehmigung den schwebend unwirksamen Vertrag *ex tunc* vernichten.

---

[78] Vgl. Medicus, Bürgerliches Recht, Rn. 174.

Fall 22: Herr der Ohrringe

▶ **Standort:** Anfechtung, Inhalts- und Erklärungsirrtum, § 119 I

Friedel Fehlermacher (F) sucht ein Geschenk für seine Gattin. Im Katalog des Schmuckhändlers Günther Glitzer (G) findet er ein Paar Ohrringe, die geeignet erscheinen. Sie sind dort mit 300 Euro ausgezeichnet und mit der Bestellnummer 34 versehen. F füllt einen Bestellschein mit der Nummer aus und sendet ihn G. Die Angabe im Katalog war aber fehlerhaft, die Ohrringe mit der Nummer 34 kosten 500 Euro. Von diesem Druckfehler wusste G nicht. G sendet F daraufhin eine Bestätigung des Kaufs zum Katalogpreis zu. Als F nur 300 Euro zahlt, klärt sich der Fehler auf. G erklärt sofort, er habe sich geirrt und wolle so einen Vertrag nicht. F verlangt von G die Übereignung der Ohrringe. Zu Recht?

Abwandlung: G hat F ein selbstverfasstes Angebot über Ohrringe geschickt und dabei versehentlich einen Preis von 50 statt 500 Euro angegeben. F nimmt dies an und fordert Übereignung der Ohrringe. G hat inzwischen seinen Fehler bemerkt und ficht an. Kann F die Übereignung verlangen?

Anspruch F gegen G auf Übereignung der Ohrringe aus Kaufvertrag gem. § 433 I 1
I. Kaufvertrag
1. Einigung
2. Anfechtung
a) Anfechtungsgrund
- Inhaltsirrtum, § 119 I Alt. 1
aa) subjektive Erheblichkeit
bb) objektive Erheblichkeit
b) Anfechtungserklärung
c) Anfechtungsfrist
II. Ergebnis: Anspruch (-)
Abwandlung: Anspruch F gegen G auf Übereignung der Ohrringe aus Kaufvertrag gem. § 433 I 1
I. Kaufvertrag
1. Einigung (+)
2. Anfechtung
a) Anfechtungsgrund
- Erklärungsirrtum, § 119 I Alt. 2
b) Anfechtungserklärung und Frist
II. Ergebnis: Anspruch (-)

Anspruch F gegen G auf Übereignung der Ohrringe aus Kaufvertrag gem. § 433 I 1

F könnte gegen G einen Anspruch auf Übereignung der Ohrringe aus Kaufvertrag gem. § 433 I 1 haben.

I. Kaufvertrag
Dazu müsste ein Kaufvertrag vorliegen. Dieser kommt durch Einigung der Parteien zustande.

1. Einigung
G hat F den Katalog zugesendet, in dem die Ohrringe samt Preis gelistet sind. Da bei Zusendung von Katalogen regelmäßig der Rechtsbindungswillen des Absenders fehlt und Hinweise auf das Gegenteil nicht vorliegen, ist folglich in dem Zugehen des Katalogs nur eine *invitatio ad offerendum* zu sehen. Das Angebot liegt hier vielmehr im Schreiben des F an G. Es handelt sich dabei aus der Sicht eines objektiven Erklärungsempfängers in der Rolle des G um ein Angebot zum Kauf der Ohrringe zum Preis von 300 Euro.

G müsste dieses Angebot auch angenommen haben. Das hat er mit seiner Antwort mit Bezugnahme auf den Katalogpreis gemacht. Damit liegt ein Kaufvertrag vor.

2. Anfechtung
Der Kaufvertrag könnte aber rückwirkend nichtig geworden sein. Das ist der Fall, wenn eine wirksame Anfechtung einer Willenserklärung vorliegt, § 142 I. In Betracht kommt eine Anfechtung durch G.

Beachte: Anfechtung kommt immer nur dann in Betracht, wenn das Erklärte von dem, was eigentlich gewollt war, abweicht, und **das Erklärte gilt**, weil der Empfänger der Erklärung in seinem Vertrauen geschützt werden soll. Der **Vertrauensschutz** hängt davon ab, wie der Empfänger die Erklärung auffassen durfte und musste. Das wird durch Auslegung ermittelt. Deswegen muss immer **erst eine Auslegung** erfolgen, **bevor eine Anfechtung** geprüft wird!

Hier weicht das objektiv Erklärte, nämlich ein Kaufpreis von 300 Euro („zum Katalogpreis") vom subjektiv Gewollten, nämlich einem Kaufpreis von 500 Euro, ab. Der Erklärungsempfänger (hier F) durfte die Erklärung auch so verstehen, dass der Kaufpreis 300 Euro betrug. Deswegen ist hier eine Anfechtung zu prüfen.

a) Anfechtungsgrund

Es müsste ein **Anfechtungsgrund** vorliegen. In Betracht kommt ein **Inhaltsirrtum nach § 119 I Alt. 1.** Dieser liegt vor, wenn sich der Erklärende über den Inhalt seiner Erklärung irrt, also über die **Bedeutung** dessen, was er bewusst zum Ausdruck bringt. Vorliegend hat G durch sein Schreiben erklärt, er verkaufe die Ohrringe zum Katalogpreis. Er ging davon aus, dass damit 500 Euro gemeint sind, tatsächlich belief sich der dem Katalog zu entnehmende Preis aber auf nur 300 Euro. G hat sich damit über die Bedeutung seiner Erklärung bezüglich dessen, was sich hinter „Katalogpreis" verbirgt, geirrt. Damit liegt ein beachtlicher Inhaltsirrtum vor.

Der Irrtum muss auch für die Erklärung **kausal** gewesen sein, und zwar in **zweifach**er Hinsicht:

aa) Subjektive Erheblichkeit

Der Erklärende muss durch den Irrtum dazu gebracht worden sein, die Erklärung abzugeben. Hätte er sie bei Kenntnis der Sachlage nicht abgegeben, liegt Kausalität vor.[79] Hier hat G seine Erklärung nur abgegeben, weil er glaubt, dass er damit einen Preis von 500 Euro vereinbarte. Da er den abgeschlossenen Vertrag mit 300 Euro nicht will, ist davon auszugehen, dass er bei Kenntnis der wahren Lage seine Willenserklärung nicht abgegeben hätte. Damit liegt eine subjektive Erheblichkeit vor.

---

[79] Vgl. Brox, Allgemeiner Teil des BGB, Rn. 383.

bb) Objektive Erheblichkeit

Der Erklärende dürfte die Erklärung „bei verständiger Würdigung des Falles" nicht abgegeben haben. Zu prüfen ist, ob ein vernünftiger, von „Eigenheiten und Unverstand" freier Mensch die Erklärung in der Situation unterlassen hätte.

> **Hintergrund** der Prüfung dieses Merkmals ist, dass durch Anfechtung niemand, der aus **Unvernunft, Eigensinn** oder aus **Gefühlsaufwallungen** heraus Erklärungen abgibt, geschützt werden soll.[80]

Dies ist hier angesichts der Unwirtschaftlichkeit des versehentlich erklärten Geschäfts zu bejahen. Damit liegt Kausalität vor.

> **Subj.** und **obj.** Erheblichkeit werden in Klausuren häufig **übersehen**. Sie spielen aber eine Rolle, v.a. wenn das wirklich Erklärte für den Erklärenden günstiger ist als das, was er erklären wollte. Das steht einer Anfechtung entgegen!

b) Anfechtungserklärung

G müsste die Anfechtung auch erklärt haben. Die Anfechtungserklärung ist eine einseitige, empfangsbedürftige Willenserklärung, die dem Anfechtungsgegner zugehen muss. Sie kann auch konkludent erfolgen. Hier ist der Anfechtungsgegner, der Vertragspartner, § 143 II, und damit folglich F. G hat F erklärt, er wolle den Vertrag nicht. Darin liegt hier die (konkludente) Anfechtungserklärung.

c) Anfechtungsfrist

Die Anfechtung müsste auch fristgerecht erfolgt sein. Nach § 121 muss die Erklärung unverzüglich erfolgen, nachdem der Anfechtende vom Anfechtungsgrund erfahren hat.

---

[80] Vgl. Bork, Allgemeiner Teil des BGB, Rn. 834.

100

> **Unverzüglich** bedeutet, dass die Erklärung ohne schuldhaftes Zögern erfolgt. D.h. **nicht „sofort"**, sondern eine Erklärung, die dem Erklärenden unter den Umständen bei Berücksichtigung der Interessen der Gegenseite **alsbald möglich und zumutbar** ist.[81]

Hier hat G unverzüglich F angerufen und die Anfechtung erklärt. Die Anfechtungsfrist ist damit gewahrt worden.

> **Folge der Anfechtung** ist, dass das angefochtene Rechtsgeschäft als **von Anfang an** (*ex tunc*) **nichtig** anzusehen ist, § 142 I. Es wird so behandelt, als hätte es **nie existiert**. Bezieht sich die **Anfechtung nur auf einen Teil** des Rechtsgeschäfts, weil der berechtigende Willensmangel sich nur auf diesen Teil bezieht, dann kann der **Rest des Geschäfts aufrechterhalten** werden, § 139.

Also hat G den Vertrag wirksam angefochten. Der Vertrag ist folglich als von Anfang an nichtig anzusehen, § 142 I.

II. Ergebnis:
F hat keinen Anspruch auf Übereignung der Ohrringe aus Kaufvertrag gem. § 433 I 1.

Abwandlung: Anspruch F gegen G auf Übereignung der Ohrringe aus Kaufvertrag gem. § 433 I 1

F könnte gegen G einen Anspruch auf Übereignung der Ohrringe aus Kaufvertrag gem. § 433 I 1 haben.

I. Kaufvertrag
Zwischen F und G müsste ein Kaufvertrag vorliegen. Das setzt eine Einigung voraus.

---

[81] Vgl. PWW/ Ahrens, § 121 Rn. 3 f.

1. Einigung

Es müsste eine Einigung vorliegen. G hat dem F dem äußeren Erklärungstatbestand zufolge angeboten, Ohrringe für 50 Euro zu verkaufen. Darin ist hier ein Angebot zu sehen. F hat dieses auch angenommen. Eine Einigung liegt damit vor. Damit haben F und G einen wirksamen Kaufvertrag geschlossen.

2. Anfechtung

Der Vertrag könnte durch Anfechtung zunichte gemacht worden sein. In Betracht kommt hier eine Anfechtung durch G.

a) Anfechtungsgrund

Es müsste ein Anfechtungsgrund vorliegen. Hier könnte ein Erklärungsirrtum gem. § 119 I Alt. 2 gegeben sein.

> Ein **Erklärungsirrtum** liegt vor, wenn der Erklärende nicht das erklärt, was er erklären will. Das ist der Fall beim Versprechen, Verschreiben oder Vergreifen bzw. Vertippen.[82]

G hat „50" geschrieben, wollte aber „500" schreiben. Damit liegt ein Erklärungsirrtum vor. Der müsste auch für die Abgabe der Willenserklärung kausal geworden sein.

aa) Subjektive Erheblichkeit

Der Irrtum müsste subjektiv erheblich geworden sein. G hätte bei Kenntnis der Sachlage seine Erklärung nicht abgegeben. Somit liegt subjektive Erheblichkeit vor.

bb) Objektive Erheblichkeit

G dürfte die Erklärung „bei verständiger Würdigung des Falles" nicht abgegeben haben. Dies ist der Fall. Es liegt auch objektive Erheblichkeit vor. Der Irrtum ist kausal geworden.

b) Anfechtungserklärung und Frist

---

[82] Vgl. Kern, JuS 1998, L 42.

G müsste dem F auch die Anfechtung fristgerecht, § 121 erklärt haben, § 143. Das hat G laut Sachverhalt getan. Damit liegt eine wirksame Anfechtung durch G vor, der Vertrag zwischen F und G ist folglich *ex tunc* nichtig, § 142 I.

II. Ergebnis

F hat gegen G keinen Anspruch auf Übereignung der Ohrringe aus Kaufvertrag gem. § 433 I 1.

Die Anfechtungsgründe des § 119 I basieren beide auf einem **Irrtum**, den der Erklärende bei der **Willensäußerung** macht. Beide Alternativen werden in der Prüfung gleichbehandelt, zu achten ist besonders auf die **Kausalität**.

Fall 23: Die verschwundene Illustration

▸ **Standort:** Anfechtung, Eigenschaftsirrtum, § 119 II, Fehleridentität

---

Dennis Dendorf (D) wird Vater und möchte das zukünftige Kinderzimmer einrichten. Im Trödelladen der Sabine Singer (S) findet er ein Bild mit einer Szene aus dem Kinderbuchklassiker „Emil und die Detektive", das dafür geeignet ist. S veräußert D dieses für 50 Euro und verspricht, das Bild per Boten schicken zu lassen. S geht davon aus, dass es sich um einen Kunstdruck handelt. Kurz nach D erscheint ein befreundeter Antiquar bei S. Er stellt fest, dass es sich bei dem Bild nicht um einen Druck, sondern um die verschollene Originalzeichnung des berühmten Illustratoren Walter Trier handelt. Das Bild ist damit über 800 Euro wert. Das hatte D auch erkannt. Hätte S das gewusst, hätte sie das Bild auch nur für 800 Euro verkauft. S ruft gleich D an und erklärt, sie sehe den Vertrag als nichtig an. D fordert ungerührt das Bild. Mit Erfolg?

Abwandlung: S hat D das Bild schon übergeben, als der Irrtum entdeckt wird. Kann S es nach § 985 zurückverlangen?

**Anspruch D gegen S auf Übereignung des Bildes
aus Kaufvertrag nach § 433 I 1**
I. Kaufvertrag
1. Einigung (+)
2. Anfechtung
a) Anfechtungsgrund
b) Anfechtungserklärung
c) Anfechtungsfrist
III. Ergebnis: Anspruch (-)

**Abwandlung: Anspruch D gegen S auf Herausgabe des Bildes
nach § 985**
I. Eigentum der S
- dingliche Einigung mit D anfechtbar?
1. Anfechtbarkeit
- grds. Trennung Verfügung und Verpflichtung, aber Fehleridentität?
2. Anfechtung
a) Anfechtungsgrund
- § 119 II, kausal für die dingliche Einigungserklärung?
b) Anfechtungserklärung
c) Anfechtungsfrist
II. Besitz des D
III. Ergebnis: Anspruch (+)

Anspruch D gegen S auf Übereignung des Bildes aus Kaufvertrag gem. § 433 I 1

D könnte gegen S einen Anspruch auf Übereignung des Bildes aus Kaufvertrag gem. § 433 I 1 haben.

I. Kaufvertrag

Dazu müsste zwischen beiden ein Kaufvertrag geschlossen worden sein. Das setzt eine Einigung voraus.

1. Einigung

Hier haben sich S und D auf einen Kaufvertrag über das Bild für 50 Euro geeinigt. Ein Vertrag ist damit an sich zustande gekommen. Der Vertrag könnte allerdings durch eine wirksame Anfechtung als von Anfang an nichtig anzusehen sein, § 142 I.

2. Anfechtung

In Betracht kommt eine Anfechtung durch S.

a) Anfechtungsgrund

Es müsste ein Anfechtungsgrund vorliegen. Hier könnte ein sog. Eigenschaftsirrtum nach § 119 II gegeben sein.

§ 119 II betrifft Fälle, in dem zwar Willen und Erklärtes deckungsgleich sind, aber bereits die **Bildung des Willens**, der später erklärt wird, durch einen **Irrtum** beeinflusst wird. Solche **Motivirrtümer** sind grundsätzlich unbeachtlich. Nur wenn der Irrtum eine **verkehrswesentliche Eigenschaft** einer **Sache** oder **Person** betrifft, ist das dem Erklärungsirrtum gleichgestellt. Darum muss geprüft werden, ob ein Irrtum vorliegt und dieser kausal geworden ist.[83]

S müsste sich also über eine verkehrswesentliche Eigenschaft einer Sache oder Person geirrt haben.

Bei der Prüfung von **Eigenschaften einer Person** ist zu beachten, dass dabei **jede Person**, also nicht nur der Anfechtungsgegner gemeint sein kann. Das Rechtsgeschäft muss sich aber gerade auf diese Person beziehen. **Eigenschaften** einer Person sind **prägende Merkmale von gewisser Dauer** wie Alter, Geschlecht, Fähigkeiten, Vorstrafen etc. Sie sind verkehrswesentlich und damit **erheblich**, wenn sie in **unmittelbarer** Beziehung zum Geschäftsinhalt stehen.[84]

Hier kommt ein Irrtum über die verkehrswesentliche Eigenschaft einer Sache in Betracht.

Sache ist dabei nicht nur jeder körperliche Gegenstand, § 90, sondern **jeder Gegenstand** eines Geschäfts.[85]

---

[83] Vgl. Kern, JuS 1998, L 42.
[84] Vgl. Brox, Allgemeiner Teil des BGB, Rn. 372.
[85] Vgl. Leipold, BGB I, Rn. 634.

Der Irrtum der S bezieht sich hier auf das Bild. Dieses ist ein körperlicher Gegenstand i.S.d. § 90. Der Irrtum müsste sich auf eine Eigenschaft des Bildes beziehen.

Eigenschaften einer Sache sind alle tatsächlichen und rechtlichen Verhältnisse, die infolge ihrer Beschaffenheit auf Dauer für die Brauchbarkeit und den Wert der Sache von Einfluss sind. Dazu zählt nicht ihr Wert, aber die einzelnen wertbildenden Faktoren.

Eine Eigenschaft eines Bildes ist seine **Urheberschaft** bzw. die Tatsache, ob es sich um ein **Original** oder einen Druck handelt.[86] Dies ist, wie auch im Sachverhalt, ein wertbildender Faktor. S irrte gerade in diesem Punkt, folglich über eine Eigenschaft der Sache.

Die Eigenschaft müsste auch verkehrswesentlich sein.

Verkehrswesentlich ist eine Eigenschaft, wenn sie nach der Verkehrsanschauung für das **konkrete** Geschäft wesentlich, d.h. für den **Abschluss ausschlaggebend** ist.

Die Eigenschaft ist hier verkehrswesentlich. S hätte das Bild nicht für den vereinbarten Preis verkauft, wenn sie gewusst hätte, dass es sich um ein Original handelt. Damit liegt ein Irrtum i.S.d. § 119 II vor.

Nach dem Sachverhalt ist auch davon auszugehen, dass S bei Kenntnis der Sachlage und bei verständiger Würdigung des Falles ihre Erklärung so nicht abgegeben hätte.

b) Anfechtungserklärung
S müsste auch die Anfechtung erklärt haben. Das tat sie.

---

[86] BGH, NJW 1988, 2599.

c) Anfechtungsfrist

S müsste die Anfechtung auch innerhalb der Frist erklärt haben, § 121. Diese Voraussetzung liegt nach dem Fall vor.

Also hat S erfolgreich ihre Willenserklärung angefochten. Folglich ist der Vertrag zwischen S und D *ex tunc* nichtig.

III. Ergebnis

D hat keinen Anspruch gegen S auf Übereignung des Bildes aus Kaufvertrag gem. § 433 I 1.

Abwandlung: Anspruch S gegen D auf Herausgabe des Bildes nach § 985

S könnte gegen D einen Anspruch auf Herausgabe des Bildes aus § 985 haben.

I. Eigentum der S

Dazu müsste S Eigentümerin des Bildes sein. Ursprünglich war sie das. Sie könnte das Bild aber durch Übereignung an D verloren haben nach § 929 S. 1. Die Übereignung setzt danach eine dingliche Einigung und die Übergabe voraus. Fraglich ist, ob eine **wirksame dingliche Einigung** vorliegt. Aus dem Sachverhalt geht hervor, dass sich zunächst S und D auf Eigentumsübergang geeinigt hatten. Die Einigung könnte durch Anfechtung *ex tunc* entfallen sein, § 142 I.

1. Anfechtbarkeit

Fraglich ist, ob die dingliche Einigung hier überhaupt anfechtbar ist. S hat hier nur den Kaufvertrag angefochten. Damit wird auch nur das Verpflichtungsgeschäft *ex tunc* vernichtet, nicht aber auch das Verfügungsgeschäft. Dies ist Folge des **Abstraktionsprinzips**, wonach beide Rechtsgeschäfte unabhängig voneinander gelten.[87]

---

[87] Vgl. Skript Basiswissen BGB AT, S. 33 ff.

> Wenn aber beide Rechtsgeschäfte unter demselben Mangel leiden, liegt ein Fall **sog. Fehleridentität** vor. Dann kann auch bzgl. des aus dem Verpflichtungsgeschäft resultierenden Verfügungsgeschäfts ein Anfechtungsgrund vorliegen.[88]

Damit ist die dingliche Einigung anfechtbar.

2. Anfechtung
Fraglich ist, ob S erfolgreich angefochten hat.

a) Anfechtungsgrund
Es müsste ein Anfechtungsgrund vorliegen. Wie oben ausgeführt, hat sich S über eine verkehrswesentliche Eigenschaft des Bildes geirrt. Ein Irrtum nach § 119 II liegt damit vor. Dieser ist nicht nur für den Abschluss des Vertrages, sondern auch für die dingliche Einigung kausal geworden: S hätte ihre Erklärung bezüglich des Eigentumsübergangs bei Kenntnis der Sachlage und verständiger Würdigung des Falles nicht abgegeben. Es liegt ein Anfechtungsgrund vor.

b) Anfechtungserklärung
S müsste die Anfechtung bezüglich der dinglichen Einigung erklärt haben. Eine konkludente Anfechtungserklärung ist hier darin zu sehen, dass S von D das Bild herausverlangt. Eine Anfechtungserklärung liegt damit vor.

c) Anfechtungsfrist
S müsste die Anfechtung fristgerecht erklärt haben, § 121. Das hat S laut Sachverhalt getan.

Damit hat S wirksam angefochten. Folglich ist die dingliche Einigung über das Bild *ex tunc* nichtig. S hat damit ihr Eigentum nicht durch Übereignung an D verloren.

---

[88] Vl. Bork, Allgemeiner Teil des BGB, Rn. 921.

II. Besitz des D

D müsste Besitzer des Bildes sein, § 985. Dies ist der Fall. Er dürfte auch kein Recht zum Besitz haben, § 986. Durch die Anfechtung des Kaufvertrags ist auch das daraus abzuleitende Besitzrecht des D ex tunc erloschen. D ist damit unberechtigter Besitzer des Bildes. Die Voraussetzungen des Anspruchs aus § 985 liegen damit vor.

III. Ergebnis

S hat einen Anspruch gegen D auf Herausgabe des Bildes nach § 985.

Bei Anfechtung gem. § 119 II kann, wenn auch eine **Sachmängelhaftung** nach §§ 434 ff. begründet ist, der **Käufer nach Gefahrübergang** (§ 446) nicht mehr anfechten, da andernfalls u.a. § 438 I Nr. 3 unterlaufen würde. Vor Gefahrübergang ist das Anfechtungsrecht des Käufers umstritten und wird mit Rücksicht auf § 442 **abgelehnt.** Der Verkäufer kann nur nach § 119 II anfechten, wenn dadurch die Gewährleistungsrechte des Käufers nicht eingeschränkt werden.[89]

Fall 24: Alter Freund Kupferstecher

▸ **Standort:** Anfechtung, Täuschung, Dritte, § 123

Nils Neureich (N) sieht sich im Antiquitätengeschäft des Krösus Kupferstecher (K) um. Dort hat es ihm ein Sofa besonders angetan. Da K dem N ansieht, dass der keine Ahnung hat, behauptet er, dass es sich um ein Jugendstilmöbel handle, obwohl er weiß, dass es eine billige Kopie ist. N ist begeistert und kauft das gute Stück für 2000 Euro. Als N der Betrug entdeckt wird, geht er zu K und sagt, dass er das Sofa nicht haben wolle. Kann K 2000 Euro verlangen?

---

[89] Hierzu und zu anderen Konkurrenzen bei Anfechtung s. Skript Basiswissen BGB AT, S. 99 f.

Abwandlung: N hat nur den Angestellten Stüssi Snob (S) im Laden angetroffen, der ihm die Echtheit des Sofas wider besseren Wissens versichert. N will sich das Ganze überlegen und ruft am nächsten Tag K an, um das Sofa zu kaufen. Er erwähnt dabei nichts von dem Gespräch mit S. Als die Sache auffliegt, ficht N an. Erfolgreich?

Anspruch K gegen N auf 2000 Euro aus Kaufvertrag gem. § 433 II
I. Kaufvertrag
1. Anfechtungsgrund
- § 119 II (-), § 123 I Alt. 1 (+)
2. Anfechtungserklärung und Anfechtungsfrist
II. Ergebnis: Anspruch (-)

Abwandlung: Erfolgreiche Anfechtung
I. Anfechtungsgrund
- § 123, Problem: Täuschung durch einen Dritten
II. Anfechtungserklärung und Anfechtungsfrist
III. Ergebnis: Anfechtung (+)

Anspruch K gegen N auf 2000 Euro aus Kaufvertrag gem. § 433 II

K könnte gegen N einen Anspruch auf Zahlung von 2000 Euro aus Kaufvertrag gem. § 433 II haben.

I. Kaufvertrag
Es müsste zwischen beiden ein Kaufvertrag bestehen. Der liegt laut Sachverhalt vor. Der Vertrag könnte aber durch Anfechtung *ex tunc* nichtig geworden sein.

1. Anfechtungsgrund
Dazu müsste zunächst ein Anfechtungsgrund vorliegen. In Betracht kommt eine Anfechtung nach § 119 II. Da aber eine Sachmängelhaftung hier gegeben ist, weil das Sofa nicht wie vereinbart „Jugendstil" ist, ist die Anfechtung nach § 119 II jedenfalls ausgeschlossen, soweit es um ein Anfechtungs-

110

recht des Käufers geht.[90] In Betracht kommt allerdings eine Anfechtung wegen arglistiger Täuschung, § 123 I Alt. 1.

Täuschung ist jedes Verhalten, durch das Tatsachen vorgespiegelt, entstellt oder unterdrückt werden. Tatsachen sind dem Beweis zugängliche Ereignisse oder Zustände der Gegenwart oder Vergangenheit. Hier hat N wahrheitswidrig behauptet, das Sofa sei „Jugendstil". Eine Täuschung liegt damit vor.

Das müsste auch einen **Irrtum** bei N **erregt** haben. Das ist hier der Fall. Aufgrund der Täuschung glaubte N, dass das Sofa ein Original sei.

N müsste auch **arglistig** gehandelt haben. Arglistig handelt, wer weiß, dass der Vertragspartner seine Willenserklärung ohne die Täuschung nicht oder nicht so abgegeben hätte. Dies ist hier zu bejahen. Damit liegt eine arglistige Täuschung nach § 123 I Alt. 1 vor.

2. Anfechtungserklärung und Anfechtungsfrist
N hat auch fristgerecht die Anfechtung erklärt. Eine wirksame Anfechtung liegt demnach vor, womit der Vertrag nichtig ist.

II. Ergebnis
V hat keinen Zahlungsanspruch aus Vertrag gem. § 433 II.

Abwandlung: Erfolgreiche Anfechtung

N könnte erfolgreich den Vertrag angefochten haben. Dazu müssten die Voraussetzungen einer Anfechtung vorliegen.

I. Anfechtungsgrund
Es müsste ein Anfechtungsgrund vorliegen. In Betracht kommt hier eine **arglistige Täuschung**, § 123 I Alt. 1. Wie schon erörtert, wurde N arglistig getäuscht.

---

[90] S. Skript Basiswissen BGB AT, S. 99.

Problematisch ist hier, dass die Täuschung nicht durch den Vertragspartner K, sondern durch den S erfolgte und der K davon nichts wusste. Hat ein Dritter die Täuschung verübt, so ist eine Erklärung, die einem anderen (hier K) gegenüber abzugeben war, nur dann anfechtbar, wenn dieser die Täuschung kannte oder kennen musste, § 123 II 1. Fraglich ist hier jedoch schon, ob der S Dritter i.S.d. § 123 II ist. Ist er das nicht, kann unproblematisch angefochten werden, weil die Vorschrift des § 123 II 1 dann nicht anzuwenden ist.

Dritter ist, wer als Außenstehender nicht am Geschäft beteiligt ist und dessen Verhalten sich der Erklärungsempfänger (Anfechtungsgegner) nicht zurechnen lassen muss. **Kein Dritter** ist, wer am Vertragsschluss beteiligt ist oder dessen Verhalten dem des Erklärungsempfängers gleichzusetzen ist. Bei einer rein funktionellen Betrachtung muss der Täuschende auf die Seite des Erklärungsempfängers zu stellen sein. **Maßstab** ist insbesondere der § 278.[91]

S ist Angestellter des K und als solcher führt er Verkaufsgespräche und vertritt K bei Vertragsschlüssen. Sein Verhalten ist bei einer funktionellen Betrachtung dem K zuzurechnen, insbesondere unter Heranziehung des § 278. Deswegen ist S kein Dritter i.S.d. § 123 II. Damit ist der Fall so zu behandeln, als hätte der K unmittelbar selbst die in Rede stehende Täuschung verübt.

II. Anfechtungserklärung und Anfechtungsfrist
N hat die Anfechtung auch fristgerecht erklärt.

III. Ergebnis
Die Anfechtung durch N ist erfolgreich.

---

[91] Vgl. PWW/ Ahrens, § 123 Rn. 26 f.

Fall 25: Gefährliche Zahnpasta

▶ **Standort:** Anfechtung, Drohung, § 123

Herbert Hohlkopf (H) hat eine Zahnpasta mit der Geschmackssorte „Kutteln-Mango-Pfefferminz" erfunden, die er mangels Interesses der Industrie selbst, von Tür zu Tür gehend, verkauft. Nach einem frustrierenden Tag, an dem er überall abgewiesen und ausgelacht worden ist, setzt er seine ganze Hoffnung auf den letzten Versuch. Er klingelt bei Mandy (M) und bietet seine Erfindung an. Als M ablehnend reagiert, bricht die Wut aus H heraus. Er hebt drohend eine große Tube seiner Zahnpasta in die Höhe und „verspricht" M, sie mit dieser windelweich zu schlagen, wenn sie ihm nicht 10 Stück abkauft. Dadurch eingeschüchtert, willigt M in einen entsprechenden Vertrag ein. Nachdem sie sich beruhigt und einen kühlen Kopf wiedererlangt hat, schreibt M an H, sie werde den Vertrag wegen der Drohung nicht erfüllen. H verlangt dennoch den Kaufpreis. Zu Recht?

Anspruch H gegen M auf Kaufpreiszahlung aus Kaufvertrag gem. § 433 II
I. Kaufvertrag
1. Anfechtungsgrund
a) Drohung
b) Kausalität
c) Widerrechtlichkeit
d) subjektiver Tatbestand
2. Anfechtungserklärung und Anfechtungsfrist
II. Ergebnis: Anspruch (-)

Anspruch H gegen M auf Kaufpreiszahlung aus Kaufvertrag gem. § 433 II

H könnte gegen M einen Anspruch auf Kaufpreiszahlung aus Kaufvertrag gem. § 433 II haben.

I. Kaufvertrag
Dazu müsste ein Kaufvertrag zwischen beiden vorliegen.

Das ist laut Sachverhalt der Fall. Allerdings könnte der Vertrag durch eine erfolgreiche Anfechtung durch M *ex tunc* nichtig geworden sein.

1. Anfechtungsgrund

Es müsste ein Anfechtungsgrund vorliegen. In Betracht kommt die Anfechtung wegen einer widerrechtlichen Drohung, § 123 I Alt. 2.

a) Drohung

Es müsste eine Drohung vorliegen. Darunter versteht man das **Inaussichtstellen** eines zukünftigen **Übels**, auf dessen Eintritt der Drohende **Einfluss** hat oder zu haben vorgibt.[92] Übel ist jeder, auch eher geringe Nachteil. Mit der Drohung muss beim Bedrohten die Furcht vor dem Übel erregt werden. Dabei kommt es nur auf die Einschätzung des Bedrohten an, das Übel muss in Wirklichkeit nicht existieren.[93]

Hier hat H der M in Aussicht gestellt, er werde sie mit der Zahnpastatube windelweich schlagen. Damit stellt er ihr ein Übel in Aussicht, auf dessen Eintritt er Einfluss zu haben scheint. Eine Drohung liegt damit vor.

b) Kausalität

Die Drohung muss für die Furcht des Bedrohten und diese wiederum für die abgegebene Willenserklärung kausal geworden sein. Dabei kommt es auf die Sicht des Bedrohten an. Hier ist eine Kausalität zu bejahen.

c) Rechtswidrigkeit

Die Drohung müsste rechtswidrig gewesen sein. Diese Widerrechtlichkeit kann sich daraus ergeben, dass das **angedrohte Übel** oder der **angestrebte Erfolg** widerrechtlich ist. Die Widerrechtlichkeit kann sich auch aus dem **Verhältnis von angedrohtem Übel und erstrebtem Erfolg** (sog.

---

[92] BGHZ 2, 295.
[93] Vgl. Brox, Allgemeiner Teil des BGB, Rn. 414 f.

114

Zweck-Mittel-Relation) ergeben, obwohl beide für sich genommen möglicherweise nicht widerrechtlich sind.[94] Hier hat H der M mit einer Körperverletzung gedroht, was für sich betrachtet bereits ein widerrechtliches Übel darstellt. Damit handelte er widerrechtlich.

d) Subjektiver Tatbestand
H müsste auch den Willen gehabt haben, den Willen der M zu bestimmen. Beim subjektiven Tatbestand kommt es weder auf das Bewusstsein der Widerrechtlichkeit noch auf ein Verschulden an. Hier wollte H die M durch die Drohung dazu bringen, einen Kaufvertrag abzuschließen. Damit ist der subjektive Tatbestand auch erfüllt.

Klausurhinweis: Erfolgt die **Drohung durch einen Dritten,** spielt das für die Anfechtbarkeit der Willenserklärung **keine Rolle,** selbst wenn der Erklärungsempfänger (Anfechtungsgegner) von der Drohung nicht wusste!

---

2. Anfechtungserklärung und Anfechtungsfrist
M müsste die Anfechtung auch fristgerecht erklärt haben. Das Anfechtungsbegehren ist in dem Schreiben der M zu sehen, den Vertrag so nicht anzuerkennen. Die Erklärung erfolgte auch innerhalb der Anfechtungsfrist, § 124 I.

Damit ist die Anfechtung erfolgreich, folglich ist der Kaufvertrag *ex tunc* nichtig, § 142 I.

II. Ergebnis
H hat keinen Anspruch auf Kaufpreiszahlung aus Kaufvertrag gem. § 433 II.

---

[94] Vgl. Petersen, JURA 2006, 907.

Fall 26: Noch'n Irrtum

▸ **Standort:** Anfechtung einer Vollmacht

> Der technisch unbedarfte Ansgar (A) erteilt Bastian (B) eine Vollmacht zum Kauf eines Computers. A will sie auf 1200 Euro beschränken, schreibt versehentlich aber 2100 Euro. B schließt mit Cornelius (C) namens des A einen Kaufvertrag über 2.100 Euro, welche C von A dann verlangt. A verweigert sich mit Hinweis auf seinen Fehler. Kann C 2.100 Euro von A verlangen?

> **Anspruch C gegen A auf Zahlung von 2.100 Euro aus Kaufvertrag gem. § 433 II**
> I. Kaufvertrag
> 1. wirksame Stellvertretung (+)
> 2. Anfechtungsgrund
> - § 119 I Alt. 2 (+), worauf bezieht sich die Anfechtung?
> a) Kaufvertrag (-)
> b) Vollmacht
> - nach Betätigung str., da für Geschäftspartner nachteilig
> Hier: Vollmacht wie jede WE anfechtbar (+)
> 3. Anfechtungserklärung und Anfechtungsfrist
> II. Ergebnis: Anspruch (-)

Anspruch C gegen A auf Zahlung von 2.100 Euro aus Kaufvertrag gem. § 433 II

C könnte gegen A einen Anspruch auf Zahlung von 2.100 Euro aus Kaufvertrag gem. § 433 II haben.

I. Kaufvertrag

Dazu müsste ein gültiger Kaufvertrag bestehen. Hier hat aber nicht A eine Willenserklärung abgegeben, sondern B. In Betracht kommt, dass A durch B verpflichtet worden ist.

1. Wirksame Stellvertretung

Es müsste eine wirksame Stellvertretung vorliegen. Das wäre der Fall, wenn eine eigene Willenserklärung in fremden Namen mit Vertretungsmacht abgegeben worden wäre,

§ 164 I. Dies ist hier laut Sachverhalt der Fall. A erteilte B eine Vollmacht. B handelte namens des A. Zudem schloss B einen Vertrag im Rahmen der erteilten Vollmacht. Die Vollmacht könnte aber durch Anfechtung *ex tunc* nichtig geworden sein. Dann würde keine Stellvertretung vorliegen.

2. Anfechtungsgrund

Es müsste ein Anfechtungsgrund vorliegen. In Betracht kommt ein Erklärungsirrtum nach § 119 I Alt. 2. A hat sich bei der Erteilung der Vollmacht verschrieben. Damit liegt ein Fall des § 119 I Alt. 2 vor.

Fraglich ist, worauf sich Anfechtung bezieht.

a) Kaufvertrag

A könnte den Kaufvertrag anfechten. Dagegen steht allerdings, dass nach § 166 I der Vertretene nur anfechten kann, wenn der Vertreter sich geirrt hat. Das ist hier nicht der Fall. Eine Anfechtung des Vertrags ist damit ausgeschlossen.

b) Vollmacht

A könnte seine Vollmacht anfechten nach § 119 I Alt. 2. Die Anfechtung einer Vollmacht ist teilweise umstritten:

Vor Gebrauch der Vollmacht ist sie möglich, aber unzweckmäßig, da sie bis dahin auch einfach widerrufen werden kann.

Nach Gebrauch der Vollmacht wird die Anfechtung der Vollmacht teilweise abgelehnt:

> Durch Anfechtung wird die Vollmacht *ex tunc* nichtig, der Vertragspartner verliert rückwirkend seine Ansprüche gegen den Vollmachtsgeber. Das ist für ihn insbesondere dann problematisch, wenn der Vertreter ohne Vertretungsmacht, an den er sich ja ersatzweise halten könnte, zahlungsunfähig ist. Darum soll aus Gründen des **Vertrauensschutzes** eine genutzte Vollmacht generell unanfechtbar sein.
> **Dagegen** spricht aber, dass der Vertragspartner **anderweitig geschützt** ist, nämlich durch §§ 122 und 179 sowie

durch die Grundsätze der Rechtsscheinvollmacht. Deswegen soll die Anfechtung doch möglich sein.[95]

Der letzten Ansicht ist zu folgen, da der Vertragspartner bei einer Anfechtung eben nicht ungeschützt dasteht.

Fraglich ist, **wem gegenüber die Anfechtung** zu erklären ist. Dies richtet sich grundsätzlich nach § 143. Bei einer Anfechtung der Vollmacht würde der Vertreter ohne Vertretungsmacht dem Vertragspartner schadensersatzpflichtig, § 179 II. Diesen Schaden könnte der Vertreter vom Anfechtenden nach § 122 verlangen.

Problematisch ist es wie erwähnt aber, wenn einer der Ansprüche nicht durchsetzbar ist, etwa wegen **Zahlungsunfähigkeit**. Es ist daher interessengerechter, wenn der sich **irrende Vertretene** den durch ihn verursachten **Schaden direkt trägt** und der eigentlich berechtigt handelnde Vertreter nicht mit einem Schadensersatzanspruch belastet wird.

Damit müsste der Vertragspartner sich direkt an den Vollmachtgeber wenden können. Um dies zu gewährleisten, muss die **Anfechtung einer Innenvollmacht zumindest auch gegenüber** dem **Geschäftspartner** erklärt werden.[96] Damit erhält dieser einen Schadensersatzanspruch aus § 122 analog.[97]

3. Anfechtungserklärung und Anfechtungsfrist
A müsste auch fristgerecht die Anfechtung erklärt haben. Die Erklärung des A gegenüber C, er werde wegen des Irrtums nicht zahlen, ist als konkludente Anfechtungserklärung zu verstehen.
Damit liegt eine wirksame Anfechtung der Vollmacht vor. Diese ist *ex tunc* nichtig. B handelte ohne Vertretungsmacht, als er den Vertrag mit C abschloss. Deswegen wurde A nicht verpflichtet.

---

[95] Vgl. Giesen/Hegermann, JURA 1991, 368.
[96] Vgl. Larenz/Wolf, BGB AT. Rn. 44 ff.
[97] Zu dem Ganzen empfehlenswert Schwarze, JZ 2004, 588 ff.

118

II. Ergebnis

C hat keinen Anspruch gegen A auf Zahlung von 2.100 Euro aus Kaufvertrag gem. § 433 II.

Fall 27: Helden der Kegelbahn

▸ **Standort:** Stellvertretung, Offenkundigkeitsprinzip

Der Kegelclub „Pumpenhelden" will einen Ausflug nach Mallorca machen und beauftragt Kegelbruder Kalle (K) damit, die Reise zu organisieren. K bestellt im Auftrag des Vereins „25 Flugtickets für einen Vereinsausflug" im Reisebüro Rust (R), das schon öfter die Reisen der „Pumpenhelden" organisiert hat. Die dafür anfallenden 2.500 Euro hat der Kassenwart des Vereins eingesammelt, aber verabredungswidrig nicht an R überwiesen. Die Bezahlung erfolgte bei den anderen Ausflügen stets so. Kann R von K das Geld verlangen?

Abwandlung: Um auf der Reise für Stimmung zu sorgen, will K die CD „Fetenhits für Sauftouren Vol. 39" haben. Er schickt seine Lebensgefährtin Leandra (L) mit dem Auftrag los, dies musikalische Kunstwerk im Laden der Verena Veranda (V) für ihn zu kaufen. L tut das auch, ohne auf ihren Auftrag hinzuweisen (wieso auch?), zahlt und vergisst dann, die CD mitzunehmen. Als K später die Herausgabe verlangt, weigert sich V. Sie habe keinen Vertrag mit K geschlossen. Kann K von V Übereignung der CD verlangen?

Anspruch R gegen K auf 2.500 Euro aus Kaufvertrag gem. § 433 II
I. Kaufvertrag
1. Eigene Willenserklärung des K
2. Vollmacht
3. Handeln in fremdem Namen
II. Ergebnis: Anspruch (-)

Abwandlung: Anspruch K gegen V auf Übereignung der CD aus Kaufvertrag gem. § 433 I 1
I. Kaufvertrag
1. Eigene Willenserklärung der L

```
2. Vollmacht
3. Handeln in fremdem Namen
- Bargeschäft des täglichen Lebens (+)
II. Ergebnis: Anspruch (+)
```

Anspruch R gegen K auf 2.500 Euro aus Kaufvertrag gem. § 433 II

R könnte gegen K einen Anspruch auf Zahlung von 2.500 Euro aus Kaufvertrag gem. § 433 II haben.

I. Kaufvertrag

Dazu müsste zwischen R und K ein Kaufvertrag geschlossen worden sein. Fraglich ist, wer Vertragspartei des Kaufvertrags über die Flugtickets geworden ist. K könnte als Vertreter der Mitglieder des Vereins gehandelt haben. Bei einer wirksamen Stellvertretung wären diese dann Vertragspartner geworden. Das wäre der Fall, wenn K eine eigene Willenserklärung in fremdem Namen mit Vertretungsmacht abgegeben hätte.

1. Eigene Willenserklärung des K

K müsste eine eigene Willenserklärung abgegeben haben. Das ist laut Sachverhalt der Fall. Er war hier nicht etwa Bote.

2. Vollmacht

K müsste mit Vertretungsmacht gehandelt haben. K wurde von den Vereinsmitgliedern mit dem Kauf beauftragt, er handelte also auch mit Vertretungsmacht.

3. Handeln in fremdem Namen

Fraglich ist, ob K erkennbar in fremdem Namen gehandelt hat, § 164 I, d.h., ob er deutlich gemacht hat, dass die Rechtsfolgen seiner Erklärung einen anderen treffen sollen.

Diese Voraussetzung einer wirksamen Stellvertretung wird **Offenkundigkeitsprinzip** genannt. Zum Schutz des Geschäftspartners muss für diesen offenkundig sein, mit wem er einen Vertrag abschließt. Aus dem Sachverhalt ergibt sich nicht, dass K darauf hingewiesen hat, dass er für die Vereinsmitglieder tätig geworden ist.

Die Erkennbarkeit des Handelns im fremden Namen könnte sich aber **aus den Umständen** des Geschäfts ergeben, § 164 I 2. Das Reisebüro hat schon öfter die Reisen des Vereins organisiert und kannte ihn daher. Aus den Umständen war erkennbar, dass K die Tickets nicht auf seine Kosten kaufen, also nicht Vertragspartner werden wollte. Insbesondere das mangelnde Eigeninteresse des K, 25 Tickets selbst zu erwerben und der Hinweis auf den Vereinsausflug lassen bei einer Auslegung nach §§ 133, 157 ein Handeln im fremden Namen erkennen. Also liegt Offenkundigkeit vor. Damit liegt eine wirksame Stellvertretung durch K für seine Vereinskameraden vor. Der Kaufvertrag ist demzufolge zwischen den einzelnen Vereinsmitgliedern und R zustande gekommen.

II. Ergebnis
R hat keinen Anspruch gegen K auf Zahlung von 2.500 Euro aus Kaufvertrag gem. § 433 II

Abwandlung: Anspruch K gegen V auf Übereignung der CD aus Kaufvertrag gem. § 433 I 1

K könnte einen Anspruch gegen V auf Übereignung der CD aus Kaufvertrag gem. § 433 I 1 haben.

I. Kaufvertrag
Dazu müsste ein wirksamer Kaufvertrag zwischen K und V bestehen. Hier hat aber L sich mit V geeinigt. Sie könnte damit den K zum Vertragspartner der V gemacht haben. Dazu müsste eine wirksame Stellvertretung vorliegen, § 164 I 1.

1. Eigene Willenserklärung der L
L müsste eine eigene Willenserklärung abgegeben haben. Das hat sie laut Sachverhalt getan.

2. Vollmacht
L müsste mit Vollmacht gehandelt haben. Diese lag in Form des Auftrags durch K vor.

3. Handeln in fremdem Namen

L müsste erkennbar im fremden Namen gehandelt haben. L hat V nicht darauf hingewiesen, dass sie für K handelte, als sie sich mit ihm auf den Kauf der CD einigte. Selbiges ergab sich auch nicht aus den Umständen. Damit ist das Offenkundigkeitsprinzip verletzt worden. Fraglich ist, ob eine Ausnahme von dieser Tatbestandsvoraussetzung vorliegt.

Es gibt zwei **Ausnahmefälle**, in denen auf die Offenkundigkeit verzichtet werden kann, nämlich das Handeln für den Betriebsinhaber und das „verdeckte Geschäft für den, den es angeht".

Das **Handeln für den Betriebsinhaber** liegt vor bei Geschäftsabschluss durch einen Angestellten (meist Verkäufer) für den Inhaber einer Firma und wenn beide Parteien sich einig sind, dass dieser Inhaber Vertragspartner sein soll. Der Vertreter muss nicht ausdrücklich darauf hinweisen, dass er für seinen Chef handelt, der Vertrag kommt dann mittels wirksamer Stellvertretung, § 164 I, zustande.

Solch ein Ausnahmefall liegt hier nicht vor.

Bei einem **Geschäft des täglichen Lebens**, das sofort abgewickelt wird, ist es dem Verkäufer egal, wer sein Vertragspartner ist. Das ist vor allem bei **Bargeschäften des täglichen Lebens** anzunehmen. Für den Geschäftsgegner kommt es hier nur darauf an, dass er den Kaufpreis sofort erhält. Deswegen ist auch hier die Wahrung des Offenkundigkeitsprinzips entbehrlich.

Ein solches Geschäft liegt vor. V ist es egal, wer ihr Vertragspartner geworden ist. Sie hat den Kaufpreis für eine gewöhnliche CD auch schon erhalten. Damit muss das Offenkundigkeitsprinzip hier nicht gewahrt werden, damit das Geschäft für und gegen den Geschäftsherrn wirksam wird.

Damit liegt eine wirksame Stellvertretung durch L vor. Also ist zwischen K und V ein Kaufvertrag zustande gekommen.

II. Ergebnis
K hat gegen V einen Anspruch auf Übereignung der CD aus Kaufvertrag gem. § 433 II.

Fall 28: Siegfrieds Ring

▶ **Standort:** Stellvertretung, Missbrauch der Vertretungsmacht, Kollusion, Selbstkontrahierung

Siegfried (S) will seiner Freundin einen Heiratsantrag machen. S wendet sich an seine Ex-Freundin Kriemhild (K), mit der er gut auskommt, und bittet sie, für ihn einen schönen Ring für max. 3.000 Euro auszusuchen. In K flammt die Eifersucht auf. Sie erzählt ihrer Freundin Brünhilde (B), einer ebenfalls Verflossenen des S und Inhaberin eines Schmuckladens, davon. Da B ohnehin nicht gut auf S zu sprechen ist, verabreden B und K, dem S die Tour zu vermasseln. K kauft deswegen namens des S von B einen billigen Ring mit Glasscherbe für 3.000 Euro. Beide wissen, dass er nur 20 Euro wert ist. Zudem ist der Ring so hässlich, dass davon auszugehen ist, dass die Freundin des S den Antrag ablehnen wird. Hat B einen Anspruch gegen S auf Kaufpreiszahlung?

Abwandlung: K will S einen ihrer Ringe verkaufen und schließt als dessen Stellvertreterin einen Vertrag mit sich selbst ab. S weigert sich zu zahlen. Zu Recht?

Anspruch B gegen S auf Zahlung von 3.000 Euro aus Kaufvertrag gem. § 433 II
I. Kaufvertrag
1. Stellvertretung durch K
2. Unwirksamkeit des Vertrags wegen Missbrauchs der Vollmacht
- Kollusion (+)
II. Ergebnis: Anspruch (-)

> Abwandlung: Anspruch K gegen S auf Kaufpreiszahlung aus Kauf-
> vertrag gem. § 433 II
> I. Kaufvertrag
> 1. Eigene Erklärung der K
> 2. In fremdem Namen
> 3. Vertretungsmacht
> - Beschränkung der Vertretungsmacht nach § 181 (+), Genehmigung (-)
> II. Ergebnis: Anspruch (-)

Anspruch B gegen S auf Zahlung von 3.000 Euro aus Kaufvertrag gem. § 433 II

B könnte gegen S einen Anspruch auf Zahlung von 3.000 Euro aus Kaufvertrag gem. § 433 II haben.

I. Kaufvertrag
Dazu müsste ein wirksamer Kaufvertrag zwischen B und S geschlossen worden sein. Hier einigte sich K mit B. Ein Vertrag zwischen B uns S ist dann zustande gekommen, wenn K Stellvertreterin des S war, § 164 I 1.

1. Stellvertretung durch K
K müsste als Stellvertreterin des S gehandelt haben. K gab eine eigene Erklärung namens des S mit Vertretungsmacht ab. Damit hat sie als Stellvertreterin gehandelt.

2. Unwirksamkeit des Vertrags wegen Missbrauchs
Fraglich ist, wie es sich auswirkt, dass K hier gegen die Interessen des S handelt. Es könnte damit ein Missbrauch der Vertretungsmacht vorliegen. Dieser ist gegeben in Fällen der Evidenz und der Kollusion.

> Bei **Evidenz** wird die Vollmacht bewusst überschritten, wobei der Vertragspartner dies erkennt oder kennen muss, weil das Überschreiten evident ist. Dann ist der geschlossene Vertrag entsprechend § 177 I schwebend unwirksam und kann noch vom Vertretenen genehmigt werden.[98]

---

[98] Vgl. Brox, Allgemeiner Teil des BGB, Rn. 532.

> **Kollusion** liegt vor, wenn der Vertreter und der Vertrags-
> partner einverständlich zum Zwecke der Schädigung des
> Vertretenen zusammenwirken. Solche Rechtsgeschäfte sind
> sittenwidrig und somit nichtig gem. § 138 I.[99]

Hier haben sich B und K verabredet, den S zu schädigen.
Zum einen soll die Freundin den Antrag ablehnen, zum anderen ergibt sich ein Schaden für S aus dem krassen Miss-
verhältnis zwischen Kaufpreis und Wert des Ringes.
Damit liegt ein Missbrauch der Vertretungsmacht in Form
der Kollusion vor, der Kaufvertrag ist folglich wegen Verstos-
ses gegen die guten Sitten nichtig gem. § 138 I.

II. Ergebnis
B hat keinen Anspruch gegen S auf Zahlung von 3.000 Euro
aus Kaufvertrag gem. § 433 II.

**Abwandlung: Anspruch K gegen S auf Kaufpreiszahlung
aus Kaufvertrag gem. § 433 II**

K könnte gegen S einen Anspruch auf Kaufpreiszahlung aus
Kaufvertrag gem. § 433 II haben.

I. Kaufvertrag
Dazu müsste zwischen S und K ein Kaufvertrag geschlossen worden sein. K müsste S wirksam vertreten haben,
§ 164 I 1.

1. Eigene Erklärung der K
K müsste eine eigene Erklärung als Stellvertreterin des S
abgegeben haben. Das hat sie laut Sachverhalt getan.

2. In fremdem Namen
K müsste erkennbar in fremdem Namen gehandelt haben.
Das ist hier geschehen.

---

[99] Vgl. Petersen, JURA 2003, 314 f.

3. Vertretungsmacht

K müsste auch mit Vertretungsmacht gehandelt haben. K handelte hier mit Vollmacht des S. Allerdings könnte diese Vollmacht nach § 181 beschränkt gewesen sein.

Danach ist einem Vertreter der Vertragsschluss mit sich selbst verboten (**Verbot des Selbstkontrahierens**), es sei denn, dies wurde gestattet oder das Rechtsgeschäft diente nur der Erfüllung einer Verbindlichkeit. Beide Ausnahmefälle sind hier aber nicht gegeben.

Umgeht der Vertreter das Verbot, indem er für sich selbst einen Vertreter bestellt und mit diesem ein Rechtsgeschäft abschließt, so ist § 181 ebenfalls anzuwenden, um den Schutz des Vertretenen, dem die Vorschrift dient, zu gewährleisten.

Damit handelte K ohne Vertretungsmacht, so dass das Rechtsgeschäft schwebend gewesen ist. Nach § 177 I kann der Vertretene das Geschäft **genehmigen**. Das hat S aber nicht getan. Es ist damit kein Kaufvertrag zustande gekommen.

II. Ergebnis

K hat keinen Anspruch auf Kaufpreiszahlung gegen S aus Kaufvertrag gem. § 433 II.

Fall 29: Das Diktiergerät

▸ **Standort:** Haftung des Vertreters ohne Vertretungsmacht

Philip Martin (M) hat gerade sein 2. Staatsexamen bravourös geschafft. Er denkt oft laut darüber nach, eine eigene Kanzlei zu eröffnen. Aus einem dieser Gespräche zieht sein Freund Tensing Torgai (T) den Schluss, dass M ihn beauftragt habe, schon einmal ein Diktiergerät „Talk100" für ihn zu kaufen. T geht dabei von einer entsprechenden Vollmacht aus. Er bestellt das Gerät namens des M für 789 Euro beim Händler Hosenträger (H). Als H von M Zahlung verlangt, verweigert sich dieser mit Verweis auf die fehlende Vollmacht. H solle sich da mal lieber an T halten. H verlangt von T 300 Euro, was seinem Gewinn entsprochen hätte bei einem wirksamen Vertrag, oder den Ersatz seiner bisherigen Aufwendung in Höhe von 10 Euro. Welchen Anspruch hat H gegen T?

A. Anspruch H gegen T auf Zahlung von 300 Euro aus § 179 I
I. Handeln ohne Vertretungsmacht
II. Verweigerung der Genehmigung
III. Haftungsbeschränkung oder –ausschluss
- § 179 III (-), aber § 179 II, Unkenntnis des T (+)
IV. Ergebnis: Anspruch (-)

B. Anspruch H gegen T auf Zahlung von 10 Euro aus § 179 II
I. Handeln ohne Vertretungsmacht
II. Unkenntnis des T vom Fehlen der Vollmacht
III. Höhe des Ersatzanspruchs
IV. Ergebnis: Anspruch (+)

A. Anspruch H gegen T auf Zahlung von 300 Euro aus § 179 I

H könnte gegen T einen Anspruch auf Zahlung von 300 Euro gem. § 179 I haben.

I. Handeln ohne Vertretungsmacht

Dazu müsste T zunächst als Vertreter ohne Vertretungsmacht, sog. *falsus procurator*, gehandelt haben, § 179 I. T
trat im Namen des M auf und gab eine eigene Willenserklärung ab. Allerdings fehlte ihm eine Vertretungsmacht. T handelte damit ohne Vertretungsmacht.

II. Verweigerung der Genehmigung

Der Vertretene müsste die Genehmigung des Geschäftes
verweigert haben, § 179 I. M hat hier die Genehmigung im
Gespräch mit H verweigert.

III. Haftungsbeschränkung oder –ausschluss

Die Haftung dürfte nicht ausgeschlossen oder beschränkt
sein. Ein Ausschluss der Haftung nach § 179 III ist hier nicht
ersichtlich. Allerdings könnte die Haftung nach § 179 II beschränkt sein. Das ist dann der Fall, wenn der Vertreter bei
Geschäftsschluss keine Kenntnis von der fehlenden Vertretungsmacht hatte. Hier wusste T bei Vertragsschluss nicht,
dass er keine Vollmacht besaß. Unerheblich ist dabei, dass
man T u.U. sogar den Vorwurf grob fahrlässigen Verhaltens
machen kann. T haftet nur nach § 179 II.

Klausurhinweis: Liegt kein Ausschluss oder eine Beschränkung vor, kann der Geschäftspartner wählen, ob er **Erfüllung** oder Schadensersatz wegen Nichtleistung verlangt. Im
ersten Fall wird der Vertreter zwar **nicht Vertragspartei**, erlangt aber diese **Stellung** in einem nun gesetzlichen Schuldverhältnis, so dass er zwar das aus dem Vertrag geschuldete leisten muss, aber **dann** auch die **Gegenleistung** verlangen kann. Vorher kann der Vertreter diese Gegenleistung
nicht beanspruchen.[100]

IV. Ergebnis

H hat keinen Anspruch gegen T auf Zahlung von 300 Euro
gem. § 179 I.

---

[100] Vgl. Giesen/ Hegermann, JURA 1991, 372.

B. Anspruch H gegen T auf Zahlung von 10 Euro aus § 179 II

H könnte gegen T einen Anspruch auf Zahlung von 10 Euro gem. § 179 II haben.

I. Handeln ohne Vertretungsmacht
T müsste ohne Vertretungsmacht gehandelt haben. Wie erörtert, ist das hier der Fall.

II. Unkenntnis des T vom Fehlen der Vollmacht
T dürfte keine Kenntnis vom Fehlen der Vertretungsmacht gehabt haben. Auch das ist der Fall.

III. Höhe des Ersatzanspruchs
Fraglich ist die Höhe des Schadensersatzanspruchs.

Nach § 179 II muss der Vertretene den **Vertrauensschaden** ersetzen. Der Dritte müsste so gestellt werden, als wenn er nie von dem Geschäft gehört hätte. Der Schadensersatz ist dabei auf das Interesse des Dritten an der **Wirksamkeit des Vertrages beschränkt**.

Hätte H nichts von dem Rechtsgeschäft gehört, hätte er auch keine Aufwendungen im Vertrauen auf die Wirksamkeit des Geschäfts gemacht. Damit sind diese als sein Vertrauensschaden zu ersetzen. Sie übersteigen auch nicht das Interesse des H an der Wirksamkeit des Vertrags.

IV. Ergebnis
H hat gegen T einen Anspruch auf Ersatz seines Vertrauensschadens in Höhe von 10 Euro gem. § 179 II.

Fall 30: Was zu viel ist, ist zu viel!

▶ **Standort:** Anscheins- und Duldungsvollmacht

Sonny Schwitters (S) arbeitet im Buchladen seiner Tante, Frau Nonhoff (N). Ohne Vertretungsbefugnis hat er öfters Bestellungen beim Großhändler Gottfried (G) namens der N vorgenommen. N hat die folgenden Lieferungen immer wegen der kleinen Mengen und mit Rücksicht auf die Familie angenommen. Als S aber bei G eine viel größere Bestellung als sonst aufgibt und das auch noch über einen als Ladenhüter bekannten Titel, reicht es N. N verweigert die Zahlung mit Hinweis auf die fehlende Vollmacht des S für die Bestellung. Kann G von N Kaufpreiszahlung verlangen?

Abwandlung: N hat von den Bestellungen des S nichts mitbekommen, weil sie lieber täglich die neuesten Thriller gelesen hat und sich nicht um das Geschäft kümmerte. Kann G von N Kaufpreiszahlung verlangen?

Anspruch G gegen N auf Zahlung aus Kaufvertrag gem. § 433 II
I. Kaufvertrag
1. Eigene Erklärung in fremdem Namen
2. Vertretungsmacht
 - Zurechnung kraft Rechtsscheins, Duldungsvollmacht (+)
a) Rechtsschein einer Vollmacht
b) Zurechenbarkeit
c) Schutzwürdigkeit
3. Anfechtung der Duldungsvollmacht
II. Ergebnis: Anspruch (+)

Abwandlung: Anspruch G gegen N auf Zahlung aus Kaufvertrag gem. § 433 II
I. Kaufvertrag
1. Vertretungsmacht
- Zurechnung kraft Rechtsscheins, Anscheinsvollmacht (+)
a) Rechtsschein einer Vollmacht
b) Zurechenbarkeit
c) Schutzwürdigkeit des G
d) Kritik an dem Institut der Anscheinsvollmacht
2. Anfechtung der Anscheinsvollmacht
II. Ergebnis: Anspruch (+)

Anspruch G gegen N auf Kaufpreiszahlung aus Kaufvertrag gem. § 433 II

G könnte gegen N einen Anspruch auf Kaufpreiszahlung aus Kaufvertrag gem. § 433 II haben.

I. Kaufvertrag

Es müsste zwischen G und N ein wirksamer Kaufvertrag geschlossen worden sein. Hier handelte allerdings der S. Dieses Handeln ist der N aber zuzurechnen, wenn S ihr Stellvertreter war, § 164 I.

1. Eigene Erklärung in fremdem Namen

S müsste eine eigene Willenserklärung in fremdem Namen abgegeben haben. Das ist hier der Fall.

2. Vertretungsmacht

S müsste auch mit Vertretungsmacht gehandelt haben. Hier hatte N dem S aber zumindest keine ausdrückliche Vollmacht erteilt.

Es könnte eine **konkludente Bevollmächtigung** in der Annahme und Zahlung der früheren Lieferungen durch N liegen. Das ergibt sich aber **nicht zwingend** durch Sachverhaltsauslegung. Die Annahme durch N könnte jeweils als Genehmigung des vollmachtslosen Handelns angesehen werden, § 177 I. Soweit sich die Vollmacht aus anderen Umständen ergibt, kann diese Frage offen bleiben.

In Betracht kommt insoweit eine Vertretungsmacht kraft Rechtsscheins. Aus Gründen des Vertrauensschutzes kann danach eine Rechtsscheinsvollmacht gegeben sein.[101]

a) Rechtsschein einer Vollmacht

---

[101] Vgl. Giesen/ Hegermann, JURA 1991, 367.

Es müsste ein Rechtsschein einer Vollmacht erweckt worden sein. Hier hat S mehrmals den Anschein erweckt, von N für die Bestellungen bevollmächtigt worden zu sein.

b) Zurechenbarkeit
Der Rechtsschein ist dem Vertretenen zurechenbar, wenn er vom Handeln des Rechtsscheinträgers weiß und trotz möglichen Einschreitens nichts dagegen unternimmt. N wusste vom Treiben des S in ihrem Namen und schritt dagegen trotz Möglichkeit nicht ein. Damit ist ihr der Rechtsschein zurechenbar.

c) Schutzwürdigkeit
G müsste auch schutzwürdig sein. Das ist der Fall, wenn er gutgläubig gewesen ist, also an die Vertretungsmacht des S glaubte, eben weil N diese duldete. Das ist hier der Fall.
Damit liegt eine Duldungsvollmacht vor, S handelte als Vertreter der N und verpflichtete sie so aus dem Kaufvertrag.

3. Anfechtung der Duldungsvollmacht
In der Weigerung der N gegenüber G mit Hinweis auf die Nichtberechtigung des S könnte eine konkludente Anfechtungserklärung liegen. Die Duldungsvollmacht würde bei einer wirksamen Anfechtung *ex tunc* vernichtet, § 142 I. Eine wirksame Stellvertretung läge dann nicht vor. Dazu müsste die Duldungsvollmacht aber anfechtbar sein.

Die **Anfechtbarkeit** der Duldungsvollmacht wird von der ganz h.M. **abgelehnt**, weil es sich bei jener nicht um eine Willenserklärung oder rechtsgeschäftsähnliche Handlung handelt. Doch nur auf solche sind die für die Anfechtung notwendigen §§ 119 ff. anwendbar.[102]

Zudem dient der Rechtsscheintatbestand gerade dem Schutz des Rechtsverkehrs. Dieser würde bei einer Anfechtbarkeit unterlaufen. Der h.M. ist daher zuzustimmen, die Duldungsvollmacht ist also nicht anfechtbar. Damit handelte

---

[102] Vgl. Giesen/ Hegermann, JURA 1991, 367.

S als Stellvertreter des N kraft Duldungsvollmacht. N ist damit Vertragspartnerin des G.

II. Ergebnis

G hat einen Anspruch gegen N auf Kaufpreiszahlung aus Kaufvertrag gem. § 433 II.

Abwandlung: Anspruch G gegen N auf Kaufpreiszahlung aus Kaufvertrag gem. § 433 II

G könnte einen Anspruch gegen N auf Kaufpreiszahlung aus Kaufvertrag gem. § 433 II haben.

I. Kaufvertrag

Hierfür müsste ein wirksamer Kaufvertrag zwischen N und G geschlossen worden sein. Dazu müssten die schon erörterten Voraussetzungen vorliegen. Wiederum problematisch ist hier die Frage nach der Vollmacht des S.

1. Vertretungsmacht

S müsste mit Vertretungsmacht gehandelt haben. Eine ausdrückliche Vollmacht lag nicht vor. Es könnte aber eine Anscheinsvollmacht vorliegen.

> Eine **Anscheinsvollmacht** liegt vor, wenn der Vertreter **ohne Vollmacht** handelt und der **Vertretene davon nichts weiß**, dies aber bei Anwendung der im Verkehr erforderlichen Sorgfalt **hätte erkennen und verhindern können**. Aufgrund **mehrmaligen** Auftretens und einer gewissen Dauer muss dadurch nach außen hin der Anschein entstanden sein, der Vertreter handele mit Vollmacht.[103]

a) Rechtsschein einer Vollmacht

G müsste nach Treu und Glauben mit Rücksicht auf die Verkehrssitte auf eine Vollmacht des S geschlossen haben. Da S mehrmals Bestellungen bei G aufgab und diese immer

---

[103] Vgl. Petersen, JURA 2003, 313.

von N durchgeführt worden sind, dufte G den Schluss ziehen, dass der S kraft Vollmacht berechtigt war. Der Rechtsschein einer Vollmacht lag damit vor.

b) Zurechenbarkeit
Bei der Anscheinsvollmacht wird dem Vertretenen das Setzen des Rechtsscheins dann zugerechnet, wenn er das Handeln des Vertreters nicht kannte, aber bei pflichtgemäßer Sorgfalt hätte erkennen und verhindern können. N wusste von dem vollmachtslosen Handeln des S nicht, hätte dies aber bei pflichtgemäßer Sorgfalt erkennen und unterbinden können. Zurechnung ist somit gegeben.

c) Schutzwürdigkeit des G
G müsste auch schutzwürdig sein. Der Geschäftspartner ist schutzwürdig, wenn er gutgläubig auf den Bestand der Vollmacht vertraut hat. Er dürfte auch nicht fahrlässig das Fehlen der Vertretungsmacht nicht gekannt haben, d.h. es erkennen können oder müssen. Der Sachverhalt bietet keine Anhaltspunkte dafür, eine berechtigte Gutgläubigkeit des G in Frage zu stellen. Damit ist G auch schutzwürdig.

Damit liegen die Voraussetzungen der Anscheinsvollmacht vor. N muss sich demnach so behandeln lassen, als hätte sie S eine entsprechende Vollmacht erteilt.

d) Kritik an dem Institut der Anscheinsvollmacht
Teilweise wird die Figur der **Anscheinsvollmacht grundsätzlich abgelehnt** mit der Begründung, dass die fahrlässige Sorgfaltspflichtverletzung nicht dazu führen könne, dass ein Vertrag zustande kommt. Lediglich ein Schadensersatzanspruch aus *c.i.c.* käme dann in Betracht.[104]

Folgt man dieser Ansicht, dann besteht kein Vertrag zwischen N und G. N ist G nur schadensersatzpflichtig.

---

[104] Vgl. Giesen/ Hegermann, JURA 1991, 368.

Der **Kritik ist entgegenzuhalten,** dass nach den §§ 170 ff. eine Stellvertretung auch dann gegeben sein kann, wenn eine erteilte Vollmacht wieder erloschen ist, also eine Verpflichtung des Vertretenen gar nicht von diesem gewollt ist. Aus diesen Vorschriften ergibt sich der Gedanke, dass das Vertrauen des Geschäftspartners in das Bestehen der vermeintlichen Vollmacht schutzwürdig ist. Der Rechtsschein muss also ihm gegenüber als Wirklichkeit gelten. Damit ist die Anscheinsvollmacht als Institut anzuerkennen.

2. Anfechtung der Anscheinsvollmacht

N könnte konkludent die Anscheinsvollmacht angefochten haben. Zur Anfechtbarkeit der Anscheinsvollmacht gilt das Gleiche, was entsprechend zur Duldungsvollmacht erörtert wurde. Die Anscheinsvollmacht ist daher mit Rücksicht auf den zu schützenden Rechtsverkehr und mangels ihres Charakters als Willenserklärung nicht anfechtbar.

Damit besteht eine Anscheinsvollmacht. Zwischen G und N ist ein Vertrag zustande gekommen.

II. Ergebnis

G hat gegen N einen Anspruch auf Kaufpreiszahlung aus Kaufvertrag gem. § 433 II.

Hörbuch (Audio-CD)
Basiswissen BGB AT

ISBN 978-3-86724-088-8
7,90 €

Hörbuch (Audio-CD)
Basiswissen Schuldrecht BT

ISBN 978-3-86724-089-5
7,90 €

Einführung in das Bürgerliche Recht

Das BGB leicht erklärt für Anfänger

ISBN 978-3-86724-020-8
7,90 €

Standardfälle Schuldrecht

ISBN 978-3-86724-002-4
7,90 €

▶ Unsere 📖 Skripten 📇 Karteikarten 🎧 Hörbücher (Audio-CDs)

Zivilrecht

- 📖 Standardfälle für Anfänger 📖 Standardfälle Fortg. (7,9 €)
- 📖 Grundlagen und Fälle BGB für 1. und 2. Sem. (9,90 €)
- 📖 🎧 Standardfälle BGB AT (7,90 €)
- 📖 🎧 Standardfälle Schuldrecht (7,90 €)
- 📖 Standardfälle Ges. Schuldverh., §§ 677, 812,823 (7,90 €)
- 📖 🎧 Standardfälle Sachenrecht (7,90 €)
- 📖 Standardfälle Familien- und Erbrecht (7,90 €)
- 📖 Originalklausuren Übung für Fortgeschrittene (7,90 €)
- 📖 🎧 Basiswissen BGB (AT) (Frage-Antwort) (7 €)
- 📖 🎧 Basiswissen SchuldR (AT) 📖 🎧 SchuldR (BT) (7 €)
- 📖 🎧 Basiswissen Sachenrecht, 📖 🎧 FamR, 📖 🎧 ErbR
- 📖 Einführung in das Bürgerliche Recht (7,90 €)
- 📖 Studienbuch BGB (AT) (9,90 €)
- 📖 Studienbuch Schuldrecht (AT) (9,90 €)
- 📖 Schuldrecht (BT) 1 - §§ 437, 536, 634, 670 ff. (7,90 €)
- 📖 Schuldrecht (BT) 2 - §§ 812, 823, 765 ff. (7,90 €)
- 📖 SachenR 1 – Bewegl. S., 📖 SachenR 2 – Unb. S. (7,9 €)
- 📖 Familienrecht und 📖 Erbrecht (Einführungen) (7,90 €)
- 📖 Streitfragen Schuldrecht (7 €)
- 📖 🎧 Definitionen für die Zivilrechtsklausur (9,90 €)

Strafrecht

- 📖 🎧 Standardfälle für Anfänger Band 1 (9,90 €)
- 📖 Standardfälle für Anfänger Band 2 (7,90 €)
- 📖 Standardfälle für Fortgeschrittene (9,90 €)
- 📖 🎧 Basiswissen Strafrecht (AT) (Frage-Antwort)
- 📖 🎧 Basiswissen Strafrecht BT 1 und 📖 🎧 BT 2 (7 €)
- 📖 Strafrecht (AT) (7,90 €)
- 📖 Strafrecht (BT) 1 – Vermögensdelikte (7,90 €)
- 📖 Strafrecht (BT) 2 – Nichtvermögensdelikte (7,90 €)
- 📖 Jugendstrafrecht/Strafvollzug/Kriminologie (7,00 €)
- 📖 🎧 Definitionen für die Strafrechtsklausur (7,90 €)

Öffentliches Recht

- 📖 Standardfälle Staatsrecht I – StaatsorgaR (9,90 €)
- 📖 Standardfälle Staatsrecht II – Grundrechte (9,90 €)
- 📖 🎧 Standardfälle f. Anfänger (StaatsorgaR u. GRe) (7,9 €)
- 📖 Standardfälle Verwaltungsrecht (AT) (9,90 €)
- 📖 Standardfälle Verwaltungsrecht für Fortg. (7,90 €)
- 📖 Standardfälle Baurecht (9,90 €)
- 📖 Standardfälle Europarecht (9,90 €)
- 📖 Standardfälle Kommunalrecht (7,90 €)
- 📖 🎧 Basiswissen StaatsR I –StaatsorgaR (Fr-Antw.) (7 €)
- 📖 🎧 Basiswissen StaatsR II –GrundR (Frage-Antw.) (7 €)
- 📖 Basiswissen VerwaltungsR AT– (Frage-Antwort) (7 €)
- 📖 Studienbuch Staatsorganisationsrecht (9,90 €)
- 📖 Studienbuch Grundrechte (9,90 €)
- 📖 Studienbuch Verwaltungsrecht AT (9,90 €)
- 📖 Studienbuch Europarecht (12 €) u. 🎧 Basiswissen EuR
- 📖 Staatshaftungsrecht (7,90 €)
- 📖 VerwaltungsR AT 1 – VwVfG u. 📖 AT 2–VwGO (7,90 €)
- 📖 VerwaltungsR BT 1 – POR (7,90 €)
- 📖 VerwaltungsR BT 2 – BauR 📖 BT 3 – UmweltR (7,90 €)
- 📖 🎧 Definitionen Öffentliches Recht (9,90 €)

Steuerrecht

- 📖 Abgabenordnung (AO) (8,90 €)
- 📖 Einkommensteuerrecht (EStG) (9,90 €)
- 📖 Umsatzsteuerrecht (UStG) (7,90 €)
- 📖 Erbschaftsteuerrecht (7,90 €)
- 📖 Steuerstrafrecht/Verfahren/Steuerhaftung (7,90 €)

Sozialrecht

- 📖 Kinder- und Jugendhilferecht (ab Oktober 2009)
- 📖 Sozpäd. Diagn.: SPFH & ambul. Hilfen d. KJH
- 📖 Sozialrecht (7,90 €)

Nebengebiete

- 📖 Standardfälle Handels- & GesellschaftsR (7,90 €)
- 📖 Standardfälle Arbeitsrecht (7,90 €)
- 📖 🎧 Basiswissen HandelsR (Frage-Antwort) (7 €)
- 📖 🎧 Basiswissen Gesellschaftsrecht (Fra.-Antwort)
- 📖 🎧 Basiswissen ZPO (Frage-Antwort) (7,90 €)
- 📖 🎧 Basiswissen StPO (Frage-Antwort) (7 €)
- 📖 Handelsrecht (7,90 €)
- 📖 Gesellschaftsrecht (7,90 €)
- 📖 Arbeitsrecht (7,90 €)
- 📖 Kollektives Arbeitsrecht (9,90 €)
- 📖 ZPO I – Erkenntnisverfahren (7,90 €)
- 📖 ZPO II – Zwangsvollstreckung (7,90 €)
- 📖 Strafprozessordnung – StPO (7,90 €)
- 📖 Internationales Privatrecht - IPR (9,90 €)
- 📖 Standardfälle mit Frage-Antw.-Teil IPR (12 €)
- 📖 Insolvenzrecht (8,90 €)
- 📖 Gewerbl. Rechtsschutz/Urheberrecht (7,90 €)
- 📖 Wettbewerbsrecht (7,90 €)
- 📖 Ratgeber 500 Spezial-Tipps für Juristen (12 €)
- 📖 Mediation (7,90 €)

Karteikarten (je 8,90 €)

- 📇 Zivilrecht: BGB AT/Grundlagen/ 🎧 Schemata
- 📇 Strafrecht: AT/BT-1/BT-2/Streitfragen
- 📇 Öffentliches Recht: StaatsorgaR/GrundR/VerwR

Assessorexamen

- 📖 Die Relationstechnik (7 €)
- 📖 Der Aktenvortrag im Strafrecht (7,90 €)
- 📖 Der Aktenvortrag im Wahlfach Strafrecht
- 📖 Der Aktenvortrag im Zivilrecht (7,90 €)
- 📖 Der Aktenvortrag im Öffentlichen Recht (7,90 €)
- 📖 Urteilsklausuren Zivilrecht (7,90 €)
- 📖 Anwaltsklausuren Zivilrecht (7,00 €)
- 📖 Staatsanwalt. Sitzungsdienst & Plädoyer (7,90 €)
- 📖 Die strafrechtliche Assessorklausur (7,90 €)
- 📖 Die öff.-rechtl. Assessorklausur Bd.1 (7,90 €)
- 📖 Die öff.-rechtl. Assessorklausur Bd.2 (7,90 €)
- 📖 Zwangsvollstreckungsklausuren (7,90 €)
- 📖 Vertragsgestaltung in der Anwaltsstation (7 €)

BWL & VWL

- 📖 Einführung i. die Betriebswirtschaftslehre (7,90 €)
- 📖 Einführung in die Volkswirtschaftslehre (7,90 €)
- 📖 Ratg. „500 Spezial-Tipps für BWLer"
- 📖 Rechnungswesen (7,90 €)
- 📖 Marketing (7 €)
- 📖 Organisationsgestaltung & -entwickl. (7,90 €)
- 📖 Internationales Management (7 €)
- 📖 Unternehmensführung (7 €)
- 📖 Wie gelingt meine wiss. Abschlussarbeit? (7 €)
- 📖 Ratgeber Assessment Center (7,90 €)

Schemata

- 📖 Die wichtigsten Schemata-ZivR,StrafR,ÖR (12 €)
- 📖 Die wichtigsten Schemata–Nebengebiete (9,90 €)

Irrtümer und Änderungen vorbehalten!

🎧 bedeutet: auch als **Hörbuch** (Audio-CD) lieferbar (7,90 €)

Im **niederle-shop.de** bestellte Artikel treffen idR *nach 1-2 Werktagen* ein!